실용중국어와 작문

오경희 저

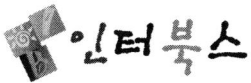

머리말

중국과의 수교 이후 20년간 급변하는 중국과 교류하고 이해하기 위한 다양한 학습방법이 모색되었다. 특히 언어학습 분야에서는 다양한 회화와 작문 교재들이 편찬되어 학습의 즐거움을 주고 있다. 필자 역시 짧지 않은 시간을 중국어 교육에 힘써오며 중국 사회의 다양한 모습들을 언어학습에 반영하고자 노력했다. 그 노력의 하나가 의사소통을 위한 회화를 뛰어 넘어 중국에서 사용되고 있는 최신 실용문 학습을 통해 회화학습으로는 부족한 조금 더 고급화된 표현으로의 접근과 더불어 다양한 문서 형식과 표현에서 보이는 중국 문화와 사회의 면면들을 파악하는 것이다. 다년간 중국을 왕래하며 모았던 자료들과 인터넷에서 찾아낸 최신자료들을 바탕으로 학습자에게 스스로해 보는 재미와 함께 효과적인 학습내용을 제시하고자 했다.

따라서 본 교재는

첫째, 간단한 중국어 쪽지나 엽서, 휴가원에서부터 조금 더 전문적인 통지문, 초청장, 문의서, 이력서 등 실제 사용하는 실용문들을 제시하고, 사용되는 표현과 형식들을 파악할 수 있도록 하였다. 또한 말하기와 달리 쓰기는 보다 정확한 격식과 표현을 필요로 한다. 따라서 이들 문서들의 주요 형식과 상용 표현들을 이용해 학생들이 주어진 예문에 따라 문서들을 직접 작성해 볼 수 있도록 하였다.

둘째, 우리가 중국여행을 하며 접할 수 있는 입출국 수속 카드, 입국검역 신청서, 비자신청서 등 실제 문서들에서 자주 사용되는 표현들을 익힘으로써 이들 문서상의 전문용어들에 대한 두려움을 줄일 수 있도록 했다. 여기에 중국 여행일정표 짜기, 메뉴판 짜기, 공공안내문, 각종 광고문들을 통해 학습의 재미를 주고자 했다.

셋째, 중국 문장 부호에 관한 학습과 각 과에 제시된 주요 숙어를 통한 작문과 단어 학습

Preface

등 심화학습의 문제들은 중국어 작문 능력뿐 아니라 문장의 독해 능력을 향상시키는데 도움이 되도록 구성하였다.

넷째, 학습 대상에 있어 초급을 끝냈거나 중급 회화 과정 이상에 있는 학습자들을 대상으로 하여 난이도를 조절하였으며 고급과정의 학습자라면 조금 편하게 다양한 중국어 실용문을 접할 수 있을 것이다.

마지막으로 본 교재가 중국어 학습자들에게 중국어에 대한 흥미를 더하고, 중국의 문화와 사회를 바라보는 도구로서의 언어 능력을 향상시킴으로써 정말 실용적일 수 있기를 간절히 바라며, 샘플 원고만 보고 무명인 저자를 믿고 출판을 결정해주신 인터북스 사장님과 김우영 편집장님, 박은주 선생님을 비롯한 여러 편집진들께 감사를 표한다.

2012년 5월
저자 씀

목 차

1주•1강 留言条 ·· 13
1주•2강 입출국 수속 카드 ·· 23

2주•1강 申请书 ·· 31
2주•2강 출입국 검역 신청서 ·· 43

3주•1강 通知书 ·· 53
3주•2강 영수증 ··· 63

4주•1강 住宿登记表 ·· 75
4주•2강 호텔서비스 ··· 83

5주•1강 明信片 ·· 93
5주•2강 여행일정표, 기차표 ·· 105

6주•1강 个人简历表 ·· 115
6주•2강 명함, 졸업장 ··· 125

7주•1강 调查表 ·· 137
7주•2강 핸드폰 설문조사 ·· 151

Contents

8주•1강 请假条 ··· 163
8주•2강 비자신청서 ·· 175

9주•1강 请柬 ·· 185
9주•2강 메뉴판 ·· 203

10주•1강 祝贺 ··· 215
10주•2강 문장부호 ·· 229

11주•1강 启事 ··· 239
11주•2강 공공안내문 ··· 253

12주•1강 询问 ··· 261
12주•2강 도로표지판 ··· 273

13주•1강 征婚广告 ·· 283
13주•2강 求职广告 ·· 293

이 책의 특징

본 교재는 중국어 서신이나 이력서 등 다양한 실용문을 위주로, 문장의 독해 능력뿐 아니라 중국어 작문 능력을 향상시키는데 도움이 되도록 제작된 교재이다.

본 교재는

❶ **중국어 실용문의 독해 능력을 기르고 실제로 활용하도록 한다.**

현재 중국에서 사용하고 있는 다양하고 실용적인 각종 문서 등을 통해 중국어의 기본 문형에 대한 이해를 넓히고, 관련 어법지식을 습득하며 상용 어휘들을 익힌다. 또한 각종 문서를 실제로 작성해봄으로써 중국어 실용문에 대한 이해를 넓혀 실제로 활용할 수 있게 한다.

❷ **중국어 작문 실력을 향상시키도록 한다.**

중국어 작문 수업은 자기 생각을 체계적이고 합리적으로 표현하는 '쓰기'를 배우는 것이다. 말하기와 달리 쓰기는 보다 정확한 문법과 격식을 필요로 한다. 그러기 위해서 韩译과 中译의 반복 훈련과 문장의 오류를 찾고 수정하는 연습 과정을 통해 한국어와 중국어 표현의 차이를 파악하고, 작문에 자신감을 갖도록 한다.

❸ **중국 실용문의 이해를 통해 중국문화와 사회를 이해하도록 한다.**

사회양국의 문화에 이를 바탕으로 한 다양하고 실용적인 문장과 각종 문서 작성을 통해, 중국어에 대한 전반적인 이해를 도모하고 중국어와 한국어 사이의 표현의 异同에서 양국의 문화와 사회를 이해하도록 한다.

교재 구성

	소제목	내 용
1. 留言	留言条	중국어로 쪽지를 읽고 작성해봅니다. 1) 留言条 작성법 문장 부호 ' : ' 2) 留言条 중국어로 작성하기/ 请你帮我+ 동사구 * 입출국카드 작성하기
	입국, 출국 수속 카드	
2. 申请	申请书	중국어로 신청서를 읽고 작성해봅니다. 1) 申请书 작성법, 문장 격식 '맺음말' 2) 申请书 중국어로 작성하기 为了/我打算…/请+동사+我的要求(请求、申请) * 입국검역신청서 작성하기
	입국검역 신청서	
3. 通知	通知书	중국어로 통지서를 읽고 작성해봅니다. 1) 通知书 작성법, 문장 부호 ' , ', 통지서 상용표현 2) 通知书 중국어로 작성하기 * 영수증 읽기
	영수증	
4. 旅宿	住宿登记表	중국어로 숙박 신고서를 읽고 작성해봅니다. 1) 住宿登记表 작성법, 문장 부호 ';' 2) 잘못된 문장 부호 고치기 * 서비스 의견서 작성하기
	호텔서비스	
5. 旅宿	明信片	중국어로 엽서를 읽고 작성해봅니다. 1) 明信片 작성법 , 문장 격식 익히기 2) 明信片 중국어로 작성하기 정도보어/… 还 … /先…然後再(又) * 여행 일정표 작성하기
	여행일정표	
6. 个人简历	个人简历表	중국어로 이력서를 읽고 작성해봅니다. 1) 简历表 작성법 2) 简历表 중국어로 작성하기 生(卒,就读,毕业)于+처소사(시간사) / 在…从事…工作(业务) * 명함, 각종 증서 읽어보기
	명함, 졸업장	
7. 调查	调查表	중국어로 조사표를 읽고 작성해봅니다. 1) 调查报告 작성법 2) 调查表, 调查报告 중국어로 작성하기 对…感兴趣(不感兴趣)/ 有的…, 有的… * 설문 조사에 참가하기
	인터넷 설문 조사	

	소제목	내 용
8. 请假	请假条	중국어로 휴가신청서를 읽고 작성해봅니다. 1) 请假条 작성법 3) 请假条 중국어로 작성하기, 문장 부호 " ", ' ' 　　特此请假/ 请予批准/ 因为 … 所以 / 개사 由
	비자신청서	* 비자신청서 작성하기
9. 邀请	请柬	중국어로 초청장을 읽고 작성해봅니다. 1) 请柬 작성법, 덧붙이는 말 '附语' 2) 请柬 중국어로 작성하기
	메뉴판	敬请光临/ 届时恭请/届时光临 * 중국음식 메뉴 작성하기
10. 祝贺·答谢	贺信·答谢信	중국어로 축하 카드나 편지를 읽고 작성해봅니다. 1) 祝贺信 상용표현 2) 祝贺信 중국어로 작성하기
	문장 부호	* 문장 부호 총정리
11. 启事	启事	중국어로 알리는 글을 읽고 작성해봅니다. 1) 启事 작성법 2) 启事 중국어로 작성하기
	공공 안내문	1) 寻物启事/拾物招领/寻人启事 * 공공 안내문 읽어보기
12. 询问	询问	중국어로 문의서를 읽고 작성해봅니다. 1) 询问 작성법 2) 询问 중국어로 작성하기
	안내표지판	사무용 편지와 개인용 편지의 상용 표현 비교 * 안내 표지판 읽어보기
13. 广告	征婚广告	중국어로 광고문을 읽고 작성해봅니다. 1) 征婚广告 읽기, 상용표현 　　男士征婚者 / 女士征婚者
	求职广告	2) 求职广告의 각 항목 살펴보기 *구직용 이력서 작성하기

• 어떻게 공부하나요?

> 학습하기

❶ 단어 확인하기

본 단원으로 들어가기 전, 아는 단어와 모르는 단어를 □에 스스로 체크해보세요.

❷ 한국어로 옮겨보며 형식 파악하기

완성된 문장을 통해 중국어 실용문 형식과 어휘들을 파악하는 단계입니다.

1) 중국어 다양한 실용문 작성법 배우기
실용문 작성에 있어 필요한 사항들을 알아봅니다.

2) 중국어의 문장 부호 또는 문장 격식 배우기
중국어 고유의 문장부호와 문장 격식에 대해 알아봅니다.

3) 중국어 상용 표현 배우기
중국어 실용문 작성 시 사용되는 고정구들을 배워보고 적절하게 사용하는 법을 익힙니다.

❸ 한국어 문장을 중국어로 옮기기

'한국어로 옮겨보며 형식 파악하기'를 통해 익힌 단어와 형식을 응용해 한국어 문장을 중국어로 옮겨봅니다.

❹ 실용문 양식 익히기

매 과마다 중국에서 사용되고 있는 다양한 문서 양식을 제시하고 사용되는 단어와 형식을 익혀봅니다.
　예) 입출국 수속 카드

심화학습

〈심화학습〉을 통해 〈학습하기〉에서 배운 단어와 문장을 확인해봅니다.

❶ 상용어휘와 어법 포인트

어법포인트의 설명을 참조해 상용 어휘(숙어)를 이용해 작문을 해봅니다.

❷ 단어 학습

단어에 맞는 중국어 설명 '연결하기(连一连)'와 적당한 단어 '선택하기(选一选)'를 통해 배운 단어를 확실히 이해하도록 합니다.

❸ 다양한 문서양식 작성하기

〈학습하기〉에서 제시한 문서를 양식에 따라 직접 작성해봅니다.

Step 1주 • 1강

留言条

학습목표 중국어로 쪽지(留言条) 작성하는 법을 배워 간단하게 자신이 하고자 하는 표현을 중국어로 표현해봅니다.

학습내용

1. 학습하기

❶ 한국어로 옮겨보며 형식 파악하기
 留言条 1 - 韩译
❷ 중국어 쪽지작성법
❸ 중국어 문장 부호 쌍점 ' : ' 익히기
❹ 한국어 문장을 중국어로 옮기기
 留言条 2 - 中译

2. 심화학습

1 학습하기

❶ 한국어로 옮겨보며 형식 파악하기

단어

- 留言 [liú yán] 동 말을 남기다
- 条(子) [tiáo zi] 명 쪽지 (참고) 面条[miàn iáo], 油条[yóu tiáo]
- 办公室 [bàn gōng shì] 명 사무실
- 领取 [lǐng qǔ] 동 수령하다
- 学期 [xué qī] 명 학기
- 成绩 [chéng jì] 명 성적
- 单(子) [dān zi] 명 표, 명세서 (참고) 菜单[cài dān], 节目单[jié mù dān]
- 证明 [zhèng míng] 명 증명서

▷ 留言条 1 - 韩译

해석

> **李相铁:**
> 　　王老师请你今天下午5点之前去办公室，领取你这个学期的成绩和在学证明。
>
> 　　　　　　　　　　　　　　　　　　金玉兰
> 　　　　　　　　　　　　　　　　　　6月25日

❷ 중국어 쪽지 작성법

1) **호칭**: 말을 남기고자 하는 사람의 호칭을 첫 줄 맨 앞에 씁니다. 그 뒤에는 '쌍점(:)'을 붙여줍니다.
    예) 爸爸 , 妈妈 , 张老师, 李先生, 尊敬…, 亲爱的…
       * 웃어른에게 편지 쓸 때 상대방의 이름을 직접 호칭으로 사용하면 예의에 크게 벗어납니다.

2) **본문**: 남기고자 하는 말을 호칭 아랫줄에 씁니다.

3) **서명**: 쪽지를 남긴 사람의 이름을 씁니다. 이름은 편지의 오른쪽 아래에 씁니다.
    예) 女儿 …, 儿子…,   学生…,   友…,   老同学…

4) **날짜**: 날짜는 이름 아래에 씁니다. 보통 연, 월, 일의 순서로 쓰며, 연도는 쓰지 않아도 됩니다.

❸ 중국어 문장 부호 쌍점 ' : ' 익히기

문장부호(标点符号[biāo diǎn fú hào]): 중국어는 우리말과 달리 조사나 띄어쓰기로 단어를 구분할 수 없기에 문장의 의미를 파악하는데 있어 정확한 문장부호의 쓰임을 아는 것이 중요합니다. 특수성 부호를 제외한 중국어 문장 부호는 총 16개로 한국어와 중국어 모두에 사용하고 기호의 형식도 같은 것으로는 반점, 세미콜론, 물음표, 느낌표, 괄호 등이 있으며 사용법에 있어 약간의 차이점도 존재합니다. 차이점을 잘 알고 정확히 사용하도록 합니다.

한국어 명칭: 쌍점 ' : '
중국어 명칭: 冒 号 [mào hào]

용법설명

1) 문장에서 제시성의 말 다음에 쓰여 다음 말을 이끌고, 읽는 이가 주의하도록 한다.
   예) 女士们, 先生们: 现在开始了。
   北京紫禁城有四座城门: 午门, 神武门, 东华门和西华门。

2) 통상적으로 '说', '想' 등의 단어 뒤에 사용한다.
   예) 他对我说: "不要紧张"。

3) 편지의 시작 부분이나 호칭의 뒤에 사용한다.
   예) 亲爱的爸爸：
   您好! 接到您的来信, 我很高兴。

❹ 한국어 문장을 중국어로 옮기기

▶ 留言条 2 - 中译

> **恩浩에게**
>
> 　듣자니 네가 내일 상하이로 출장을 간다던데, 나에게 ≪현대한어사전≫ 한 권 사다 줄 수 있겠니?
>
> 　추신: 내일 짐이 많니? 내가 공항으로 배웅 갈까? 필요하면 나에게 전화 줘. 번호는 3717660번이야.
>
> 玛丽가
7월 9일

단어

- 듣자니　　听说 [tīng shuō]
- 출장가다　　出差 [chū chāi]
- 나를 도와 …를 해주십시오　　请你帮我 … [qǐng nǐ bāng wǒ]
- 추신　　另 [lìng], 附 [fù]
- 짐　　行李 [xíng li]
- 공항　　机场 [jī chǎng]
- 배웅하다　　送 [sòng] ↔ 接 [jiē]
- 필요하다면　　需要的话 [xū yào de huà]
- 전화가 오다　　来电话 [lái diàn huà]　　참고) 打电话, 回电话
- 전화번호　　电话号码 [diàn huà hào mǎ]

문장 익히기

※ 다음 문장을 중국어로 옮겨보세요.

1) 은호에게:
　　_____

2) 듣자니 네가 내일 상하이로 출장을 간다던데,
　　_____

3) 나에게 ≪현대한어사전≫ 한 권 사다줄 수 있겠니?
　　_____

4) 추신:
　　_____

5) 내일 짐이 많니?
   _____

6) 내가 공항으로 배웅 갈까?
   _____

7) 필요하면 나에게 전화 줘.
   _____

8) 번호는 3717660번이야.
   _____

9) 마리가
   _____

10) 7月9日
    _____

2 심화학습

※ 상용 어휘를 이용해 작문을 해봅니다.

단어

- 수준　　　　水平 [shuǐ píng]
- … 해야만 한다　得 [děi]
- … 하게 하다　让 [ràng]
- 소식, 뉴스　消息 [xiāo xi]
- 헤어지다　分手 [fēn shǒu]

1. 听说 + 사람/사물

   1) 듣자니 그는 여자 친구와 헤어졌다고 한다.
   　_____

   2) 내가 듣자니 그가 미국을 방문할 거라고 한다.
   　_____

   3) 그 소식은 나도 들었어.
   　_____

2. 请你帮我 + 동사구

   1) 제 중국어 실력이 좋지 않은데, 중국어 쪽지 쓰는 것을 좀 도와주세요.
   　_____

2) 제가 급한 일로 나가야 하는데, 공항으로 우리 어머니 마중을 좀 나가 주세요.
   _____

3) 그가 돌아오면 저한테 전화 좀 하라고 해주세요.
   _____

1주·1강

학습하기

❶ 한국어로 옮겨보며 형식 파악하기

> **이상철에게**
> 왕선생님께서 당신에게 오늘 오후 5시전에 사무실에 가서, 당신의 이번 학기 성적표와 재학 증명서를 받으라고 하셨어요.
>
> 김옥란
> 6월25일

❹ 한국어 문장을 중국어로 옮기기

문장 익히기

1) 은호에게: 恩浩:
2) 듣자니 네가 내일 상하이로 출장을 간다던데, 听说你明天要去上海出差
3) 나에게 《현대한어사전》 한 권 사다줄 수 있겠니? 请你帮我买一本《现代汉语词典》
4) 추신: 另：
5) 내일 짐이 많니? 明天你的行李多吗？
6) 내가 공항으로 배웅 갈까? 要不要我去机场送你？
7) 필요하면 나에게 전화 줘. 需要的话, 给我来个电话
8) 번호는 3717660번이야. 电话: 3717660
9) 마리가: 玛丽
10) 7月9日: 七月九日

1주·1강

🔵 완성문

> **恩浩:**
> 　　　听说你明天要去上海出差，请你帮我买一本《现代汉语词典》。
> 另：明天你的行李多吗？要不要我去机场送你？需要的话，给我来个电话。
> 电话： 3717660.
>
> 　　　　　　　　　　　　　　　　　　　　　　　　　玛丽
> 　　　　　　　　　　　　　　　　　　　　　　　　　七月九日

심화학습

1. 听说 + 사람/사물

　1) <u>听说</u>他和他的女朋友分手了。
　2) 我<u>听说</u>他要去美国访问。
　3) 那个消息，我也<u>听说</u>了。

2. 请你帮我 + 동사구

　1) 我的中文水平不高，<u>请你帮我</u>写个中文留言条。
　2) 我现在有急事得出去，<u>请你帮我</u>到机场去接我母亲。
　3) <u>请你帮我</u>告诉他，让他回来以后给我打个电话。

Step

1주 • 2강

입출국 수속 카드

학습목표 입출국수속카드(入出境登记卡) 작성에 필요한 단어와 표현들을 배우고 직접 작성해봅니다.

학습내용

1. 학습하기
  ❶ 단어 익히기
  ❷ 문장 익히기
  ❸ 출입국 카드 작성하기

2. 심화학습
  ❶ 连一连
  ❷ 选一选

1 학습하기

❶ 단어 익히기

- 姓名 [xìng míng] 몡 이름
- 入境 [rù jìng] 동 입국하다 ↔ 出境 [chū jìng] 출국하다
- 登记 [dēng jì] 동 등록하다
- 卡 [kǎ] 몡 카드
- 边防 [biān fáng] 몡 국경수비
- 检查 [jiǎn chá] 동 검사하다
- 公民 [gōng mín] 몡 국민
- 护照号码 [hù zhào hào mǎ] 몡 여권 번호
- 船名 [chuán míng] 몡 여객선 이름
- 车次 [chē cì] 몡 열차 번호
- 航班号 [háng bān hào] 몡 비행기 편(便)
- 以上 [yǐ shàng] 몡 이상으로
- 申明 [shēn míng] 동 공표, 표명
- 准确 [zhǔn què] 형 정확하다. 틀림없다.
- 签名 [qiān míng] 동 (문서 등에) 자신의 이름을 적다. 서명(署名)하다.
- 妥善 [tuǒ shàn] 형 알맞다. 타당하다. 적절하다.
- 保留 [bǎo liú] 동 (변하지 않게) 보존하다.
- 遗失 [yí shī] 동 (물건 등을) 유실(遺失)하다. 잃다. 분실(紛失)하다.
- 背面 [bèi miàn] 몡 (물체의) 뒷면
- 提示 [tí shì] 동 제시하다. 제기하다. 지적하다.
- 住址 [zhù zhǐ] 몡 주소 참고) 居址 [jū zhǐ], 地址 [dì zhǐ]
- 签证 [qiān zhèng] 몡 비자

- 签发地 [qiān fā dì] 명 비자 발급지
- 事由 [shì yóu] 명 사유
- 只能 [zhǐ néng] 동 …해야만 한다.
- 项 [xiàng] 명 항목
- 填写 [tián xiě] 동 기입하다
- 商务 [shāng wù] 명 상업상의 용무
- 访问 [fáng wèn] 동 방문하다
- 休闲 [xiū xián] 명 여가
- 探亲 [tàn qīn] 동 친척을 방문하다
- 访友 [fáng yǒu] 동 친구를 방문하다
- 就业 [jiù yè] 동 취업하다
- 返回 [fǎn huí] 동 되돌아가다
- 常住地 [cháng zhù dì] 명 고정 거주지
- 定居 [dìng jū] 동 정착하다

❷ 문장 익히기

1) 以上申明真实准确

   → _____

2) 以上申明真实完整。如有不实填报,愿承担由此引起的一切法律责任。

   → _____

3) 妥善保留此卡, 如遗失将会对出境造成不便。

   → _____

4) 请注意背面重要提示。

→ _____

5) 只能填写一项

→ _____

6) 请使用中文填写，□内划√

→ _____

❸ 출입국 카드 작성하기

1. 입국카드

2. 출국카드

```
外国人出境卡
DEPARTURE CARD          请交边防检查官员查验
                        For Immigration clearance

姓 Family name _____
名 Given names _____
护照号码 Passport No. _____
出生日期 Date of birth   年Year  月Month  日Day    男 Male ☐  女 Female ☐
航班号/船名/车次                           国籍
Flight No./Ship's name/Train No.           Nationality

以上申明真实准确。
I hereby declare that the statement given above is true and accurate.

                签名 Signature _____

妥善保留此卡，如遗失将会对出境造成不便。
Retain this card in your possession, failure to do so may delay your departure from China.
请注意背面重要提示。 See the back →
```

2 심화학습

❶ 连一连

1) 离开某地时用书面形式留下要说的话　　　　　　　• 留言
2) 处理一种特定事务的地方或提供服务的地方　　　　• 成绩
3) 小学、中学或大学的每年分出的两个学习阶段之一　• 机场
4) 工作或学习的收获或成就　　　　　　　　　　　　• 办公室
5) 飞机起飞、降落、停放的场地　　　　　　　　　　• 学期

❷ 选一选

1) _____奖券时请带上身份证。경품권을 수령할 때 신분증을 지참하시기 바랍니다.
2) 他带来了很多_____。그가 많은 짐을 가져왔다.
3) 下个星期我到东京_____。다음 주에 나는 동경으로 출장 간다.
4) 他刚刚获得了美国_____。그는 방금 미국 비자를 받았다.
5) 结婚_____不另收费。혼인 등록은 따로 비용을 받지 않는다.
6) '暂住_____'就是为什么来这里暂住? '잠시 거주 사유'란 왜 이곳에 잠시 거주하느냐를 묻는 것이다.
7) 他的作业每天都要给妈妈_____。그의 숙제는 매일 엄마에게 검사를 맡아야 한다.
8) 妹妹从海外回国_____。여동생이 해외에서 귀국하여 가족을 만나다.
9) 韩国的_____机会越来越少。한국의 취업 기회는 갈수록 적어진다.
10) 他们渴望_____家。그는 집으로 되돌아가기를 갈망한다.

事由   行李   领取   返回   探亲   签证   登记   检查   就业   出差

1주 · 2강

학습하기

❷ 문장 익히기

1) 이상 표명한 내용은 사실이며 정확합니다.
2) 이상 표명한 내용은 모두 사실로, 만약에 거짓 기입한 부분이 있다면 이로 인해 발생되는 일체의 법률적 책임을 집니다.
3) 이 카드를 잘 보관하십시오. 만약에 잃어버리시면 출국에 불편을 초래할 수 있습니다.
4) 뒷면의 주요 안내문에 주의하십시오.
5) 하나의 항목에만 기입할 수 있습니다.
6) 중국어로 기입하시고 □ 안에는 √표 하십시오.

심화학습

❶ 连一连

1) 留言 2) 办公室 3) 学期 4) 成绩 5) 机场

❷ 选一选

1) 领取 2) 行李 3) 出差 4) 签证 5) 登记 6) 事由 7) 检查
8) 探亲 9) 就业 10) 返回

Step

2주 • 1강

申请书

학습목표 중국어로 신청서(申请书) 작성하는 법을 배워 간단하게 자신이 표현하고자 하는 생각을 중국어로 표현해봅니다.

학습내용

1. 학습하기

❶ 한국어로 옮겨보며 형식 파악하기
   申请书 1 - 韩译
❷ 중국어 신청서 작성법
❸ 중국어의 문장 격식 '맺음말' 익히기
❹ 한국어 문장을 중국어로 옮기기
   申请书 2 - 中译

2. 심화학습

❶ 为了…
❷ 我打算…
❸ 请 + 동사 + 我的要求(请求, 申请)

1 학습하기

❶ 한국어로 옮겨보며 형식 파악하기

단어

- 申请 [shēn qǐng] 동 신청하다
  참고) 상급자 또는 관련 부서에 이유를 설명하고 어떤 것을 요구하거나 청구할 때 사용합니다. '申请+사물'의 형식으로 申请入学(입학을 신청하다)와 같이 사용합니다.
- 年级 [nián jí] 명 학년 참고) 老生, 新生
- 房间 [fáng jiān] 명 방
- 妻子 [qī zi] 명 부인
- 旅游 [lǚ yóu] 동 여행하다
- 大约 [dà yuē] 부 대략
- 双人房 [shuāng rén fáng] 명 2인실 참고) 单人房[dān rén fáng], 套房[tào fáng]
- 盼望 [pàn wàng] 동 간절히 바라다
- 答复 [dá fù] 동 회답하다

申请书 1 - 韩译

> **申请书**
>
> 留学生办公室：
> 　　您好！我叫本杰明，是美国人，35岁。现在是本校一年级的学生，住在305房间。最近我的妻子和孩子要来中国旅游，时间大约一个月。我想换一个双人房间，可以吗 ?
> 　　盼望你们的答复。
> 　　　　此致
> 敬礼！
>
> 　　　　　　　　　　　　　　　　　　　　本杰明
> 　　　　　　　　　　　　　　　　　　　　3月 15日

❷ 중국어 신청서 작성법

(1) 첫째 줄 가운데에 '申请书'라고 쓰며, 위 아래로 한 줄씩 비워둡니다.

(2) 신청서를 받는 대상을 쓰고 '쌍점(:)'을 더합니다.

(3) 본문에서는 신청 사안과 신청 사유를 분명히 밝힙니다. 본문을 시작할 때는 두 칸을 비워 단락이 시작됨을 표시합니다.

(4) 만약 신청을 받는 쪽이 신청인의 상황을 잘 모른다면, 앞부분에 신청인에 대해 간략한 소개를 하고 그 다음에 허가를 요청합니다.

(5) 상황과 격식에 맞는 맺음말을 사용해 끝을 맺고, 이름과 날짜를 씁니다. 회신의 편리를 위해 신청인의 연락처를 적기도 합니다.

신청서 작성 방법

申请书

신청을 받는 대상:
○○신청 내용(자기소개, 신청 사안과 신청 사유)
○○맺음말(盼望 …)
○○○○此致
敬礼

신 청 인
신청날짜

❸ 중국어의 문장 격식 '맺음말' 익히기

보통 공문이나 서신의 끝에는 상대방에 대한 축원과 경의를 나타내는 말을 씁니다. 다양한 맺음말을 상황에 맞게 사용해야 예의에 어긋나지 않습니다.

(1) 特此: 공문이나 서신에서 사용되며, 어떤 사항을 특별히 통지, 설명, 공고, 알림을 나타낸다. '상술한 이유로 이에 특별히'의 의미입니다.
예) 特此提出申请
(2) 盼望: 편지 내용의 마지막 부분에 사용하며, 회답 등을 '간절히 바란다'의 의미입니다.
예) 盼望你的回信
(3) 此致: 주로 편지 끝 부분에 사용하는 인사말의 일종이며, '이에 …에게 보내다'의 의미로, '이상입니다', '이에 글을 보냅니다'와 같이 사용합니다.
예) 此致某某先生
(4) 敬礼: 주로 편지 끝 부분에 사용하는 인사말의 일종으로, '경의를 표하다'의 의미입니다. 우리 말 표현에서는 '감사합니다', '안녕히 계십시오'와 같이 문장 마지막에 사용하시면 됩니다.
예) 此致敬礼

❹ 한국어 문장을 중국어로 옮기기

▷ 申请书 2- 中译

신 청 서

베이징어언대학 유학생 사무실 담당자께
   저는 한국 天下대학교 4학년 학생이며 전공은 중국 미술입니다. 현재 저의 중국어 이해 능력은 중급 정도이며, 회화능력의 향상도 좀 더 필요합니다. 이에 중국어 실력을 늘리고 전공 관련 연구를 진행하기 위해, 대학교 졸업 후 귀교에서 1년 간 공부하고자 합니다.
   빠른 시일 내에 허가해 주시기 바랍니다.
   이상입니다.
   감사합니다.

李東海
2012년 3월 15일

저의 연락처입니다 : …

단어

□ 전공	专业 [zhuān yè]
□ 중국어 이해 능력	汉语读写水平 [Hàn yǔ dú xiě shuǐ píng]
□ 향상시키다	提高 [tí gāo]
□ 좀더	进一步 [jìn yí bù]
□ …하기 위해서	为了 [wèi le] …
□ 연구를 진행시키다	开展研究 [kāi zhǎn yán jiū]
□ …하고자 합니다.	打算 [dǎ suàn] …
□ 허가하다	批准 [pī zhǔn]
□ …하기를 희망하다	…为盼 [wéi pàn]

문장 익히기

※ 다음 문장에 해당되는 중국어 문장을 작성해 봅니다.

1) 베이징어언대학 유학생 사무실 담당자께
   → _____

2) 저는 한국 天下대학교 4학년 학생입니다.
   → _____

3) 저의 전공은 중국 미술입니다.
   → _____

4) 현재 저의 중국어 이해 능력은 중급 정도입니다.
   → _____

5) 회화능력의 향상도 좀 더 필요합니다.
   → _____

6) 중국어 실력을 늘리기 위해, 대학교 졸업 후 귀교에서 1년 간 공부할 계획입니다.
   → _____

7) 빠른 시일 내에 허가해 주시기 바랍니다.
   → _____

8) 이상입니다.
   → _____

9) 감사합니다.

→ _____

10) 저의 연락처입니다.

→ _____

2 심화학습

※ 상용 어휘를 이용해 작문을 해봅니다.

❶ 为了…

단어

- 계속　　　継续 [jì xù]
- 이해하다　了解 [liáo jiě]
- 종사하다　从事 [cóng shì]
- 통신으로 가르치다　函授 [hán shòu]
- 깊이 있게　深入地 [shēn rù de]
- 앞으로　　将来 [jiāng lái]
- 연수를 하다　进修 [jìn xiū]

1) 중국어 실력을 향상시키기 위해, 귀교에서 계속 공부하고 싶습니다.

→ _____

2) 더 깊이 있게 중국을 이해하기 위해 농촌에 가서 한 달 간 머물고자 신청합니다.

→ _____

❷ 我打算…

1) 앞으로 무역업무에 종사할 계획이어서, 무역대학에서 일 년간 연수를 받고자 신청하는 바입니다.
   → _____

2) 저는 계속 귀교의 통신 수업을 들을 계획입니다.
   → _____

❸ 请 + 동사 + 我的要求(请求, 申请)

단어

- 고려하다   考虑 [kǎo lǜ]
- 동의하다   同意 [tóng yì]
- 휴가를 청하다 请假 [qǐng jià]

1) 저의 부탁을 고려해 주십시오.
   → _____

2) 저의 요구에 동의하여 주시기 바랍니다.
   → _____

3) 이번 주에 휴가를 내고 부모님을 뵙고자 하니, 저의 신청을 허가하여 주십시오.
   → _____

학습하기

❶ 한국어로 옮겨보며 형식 파악하기

▸ 申请书 1 – 韩译

신청서

유학생 사무실 담당자님께
  저는 本杰明이라고 하며, 35세의 미국인입니다. 현재 본교의 1학년 학생으로 305호 방에 살고 있습니다. 최근의 제 처와 아이가 약 한달 정도로 중국 여행을 오려고 합니다. 그래서 방을 2인실로 바꾸었으면 하는데 가능하겠습니까?
  이상입니다.
  안녕히 계십시오.

本杰明
3월 15일

申请书

北京语言大学留学生办公室：
  我是韩国天下大学四年级的学生。我的专业是中国美术。现在我的汉语读写水平为中级，口语也还要进一步提高。为了提高汉语水平，开展专业研究，我打算大学毕业以后去贵校留学一年。
  希望你们早日批准我的申请为盼。
      此致
敬礼

李东海
2012年 3月 15日

我的通信地址是：

📌 문장 익히기

1) 北京语言大学留学生办公室
2) 我是韩国天下大学大学四年级的学生。
3) 我的专业是中国美术。
4) 现在我的汉语读写水平为中级。
5) 口语也还要进一步提高。
6) 为了提高汉语水平，我打算大学毕业以后去贵校留学一年。
7) 希望你们早日批准我的申请为盼。
8) 此致
9) 敬礼
10) 我的通信地址是：

심화학습

❶ 为了…

1) 为了提高汉语水平，我想继续在贵校学习。
2) 为了进一步深入地了解中国，我申请去农村住一个月。

❷ 我打算…

1) 我打算将来从事贸易工作，所以申请在贸易大学进修一年。
2) 我打算继续参加贵校的函授学习。

❸ 请 + 동사 + 我的要求(请求, 申请)

1) 请你们考虑我的请求。
2) 请你们同意我的要求。
3) 这星期我想请假去看我父母，请批准我的申请。

Step

2주 • 2강

출입국 검역 신청서

학습목표 출입국검역 확인서(出入境检疫申明卡)와 관련된 단어들과 표현들을 배워봅니다. 실제로 입국 시 카드 작성을 해보도록 합니다.

학습내용

1. 학습하기
   ❶ 출입국 검역 신청서 1
   ❷ 출입국 검역 신청서 2
   ❸ 출입국 검역 신청서 3

2. 심화학습
   ❶ 连一连
   ❷ 填空

1 학습하기

❶ 출입국 검역 신청서 1

🌐 단어 익히기

- 检验 [jiǎn yàn] 동 검사하다
- 检疫 [jiǎn yì] 동 검역하다
- 机读卡片 [jī dú kǎ piàn] 명 컴퓨터 판독 카드 OMR, OCR카드
- 请勿 [qǐng wù] 동 …하지 마시오. 참고) 请勿吸烟[qǐng wù xī yān]
- 揉折 [róu zhé] 동 구기고 접다, (손으로) 문지르다.
- 以免 [yǐ miǎn] 접 …하지 않기 위해서. …하지 않도록.
- 影响 [yǐng xiǎng] 동 영향을 주다.
- 涂黑 [tú hēi] 동 검게 칠하다.
- 联系 [lián xì] 동 연결하다.

출입국 검역신청서 1

中华人民共和国出入境检验检疫
入境健康检疫申明卡

★★：本申明卡为机读卡片，请勿揉折，以免影响您正常通关。请将您选中项前的○涂黑●

姓名： _____　　　性别： ○男　○女
出生日期： ___年___月　国籍(地区)： _____
护照号码： _____　　车(船)次/航班号： _____
1. 此后14天内的联系地址和电话：

❷ 출입국 검역 신청서 2

🌑 단어 익히기

- 患者 [huàn zhě] 명 (병을) 앓는 사람
- 症状 [zhèng zhàng] 명 증상
- 申报 [shēn bào] 동 (서면으로) 신고하다 보고하다
  참고) 서면으로 상급기관이나 관련기관에 보고하다: '申报+사람/사물'
- 发热 [fā rè] 동 열이 나다
- 咳嗽 [ké sòu] 동 기침을 하다
- 传播 [chuán bō] 동 유포하다
- 精神病 [jīng shén bìng] 명 정신병
- 艾滋病 [Ài zī bìng] 명 에이즈
- 腹泻 [fù xiè] 명 설사
- 肺结核 [fèi jié hé] 명 폐결핵
- 呕吐 [ǒu tù] 동 구토하다
- 传染 [chuán rǎn] 동 전염되다. 传染病
- 非典型肺炎 [Fēi diǎn xíng fèi yán] 명 사스(SARS) = 非典
- 疑似 [yí sì] 동 애매모호하다
- 密切 [mì qiè] 형 (관계가) 가깝다.
- 接触 [jiē chù] 동 접촉하다.

출입국검역신청서 2

2. 如您有以下症状或疾病, 请选项申报。
   - ○ 发烧   ○ 呼吸困难
   - ○ 咳嗽   ○ 性传播疾病
   - ○ 精神病   ○ 艾滋病
   - ○ 腹泻   ○ 开放性肺结核
   - ○ 呕吐

3. 过去14天内是否与传染性非典型肺炎患者或疑似患者有过密切接触?
   - ○ 是   ○ 否

❸ 출입국 검역 신청서 3

단어 익히기

- 如 [rú guǒ] 접 만약에
- 植物 [zhí wù] 명 식물
- 繁殖 [fán zhí] 명 번식
- 标本 [biāo běn] 명 표본
- 血液 [xuè yè] 명 혈액
- 已 [yǐ] 부 이미 = 已经
- 所列的 [suǒ liè de] 나열한
- 保证 [bǎo zhèng] 동 보증하다.
- 属实 [shǔ shí] 동 사실과 일치한다.
- 签名 [qiān míng] 동 서명하다.
- 携带 [xié dài] 동 휴대하다
- 产品 [chǎn pǐn] 명 제품
- 材料 [cái liào] 명 재료
- 土壤 [tǔ rǎng] 명 토양
- 废旧 [fèi jiù] 형 낡아 못쓰게 되다
- 阅 [yuè] 동 읽다.
- 并 [bìng qiě] 부 거기다 = 并且
- 正确 [zhèng què] 형 정확하다.
- 旅客 [lǚ kè] 명 여행자

출입국검역신청서 3

4. 如您携带有以下物品，请选项申报。
- ○ 动物
- ○ 动物产品
- ○ 微生物
- ○ 植物繁殖材料
- ○ 土壤
- ○ 植物产品
- ○ 动物尸体、标本
- ○ 人体组织
- ○ 生物制品
- ○ 血液或血液制品
- ○ 植物

我已阅知本申明卡所列事项，并保证以上申明内容正确属实。

日期：　　　　　　旅客签名：

2 심화학습

❶ 连一连

1) 向上级或有关部门申述理由,请求批准　　　　　　• 旅游
2) 学校中依据学生修业年限分成的级别　　　　　　• 水平
3) 高等学校的一个系里或中等专业学校里的学业门类　• 申请
4) 外出旅行游览　　　　　　　　　　　　　　　　• 专业
5) 业务、生产、生活等各方面所达到的程度　　　　• 年级

❷ 填空

1) 这个国家的____力很大。이 나라의 영향력이 매우 크다.
2) 外国留学生如何____奖学金？외국 유학생은 어떻게 장학금을 신청합니까?
3) 抽烟过度, 势必____健康。담배를 많이 피우면 반드시 건강에 영향을 준다.
4) 我们的服务水平已有了一定的____。우리의 서비스 수준은 이미 상당히 향상됐다.
5) 他专门____现代汉语。그는 현대한어를 전문적으로 연구한다.
6) ____我们应该怎么做。우리가 마땅히 어떻게 해야 할지 논의하다.
7) 上级____了我们的要求。상급 부서에서 우리의 요구를 승인했다.
8) 这是他亲笔____的照片。이것은 그가 직접 사인한 사진이다.
9) 我感冒时经常全身____。난 감기에 걸리면 항상 온몸에서 열이 난다.
10) 他在救治病人的过程中, 不幸感染_____。그는 환자를 치료하던 중 불행히도 사스에 걸렸다.

申请　影响　提高　研究　批准　签名　发热　非典型肺炎

출입국검역 신고서 작성하기

中华人民共和国出入境检验检疫
入境健康检疫申明卡

★★：本申明卡为机读卡片，请勿揉折，以免影响您正常通关。请将您选中项前的○涂黑 ●

姓名：_____ 性别：○ 男 ○ 女

出生日期：____年____月 国籍(地区)：_____

护照号码：_____ 车(船)次/航班号：_____

1. 此后14天内的联系地址和电话：

2. 如您有以下症状或疾病，请选项申报。
   ○ 发烧   ○ 呼吸困难
   ○ 咳嗽   ○ 性传播疾病
   ○ 精神病   ○ 艾滋病
   ○ 腹泻   ○ 开放性肺结核
   ○ 呕吐

3. 过去14天内是否与传染性非典型肺炎患者或疑似患者有过密切接触？
   ○ 是   ○ 否

4. 如您携带有以下物品，请选项申报。
   ○ 动物   ○ 动物尸体、标本
   ○ 动物产品   ○ 人体组织
   ○ 微生物   ○ 生物制品
   ○ 植物繁殖材料   ○ 血液或血液制品
   ○ 土壤   ○ 植物
   ○ 植物产品

我已阅知本申明卡所列事项，并保证以上申明内容正确属实。

日期：_____ 旅客签名：_____

体温（检疫人员填写）：_____ ℃

변경된 출입국검역신고서

中华人民共和国出入境检验检疫
入境健康检疫申明卡

旅客须知：为了您和他人的健康，请如实逐项填报：如有隐瞒或虚假填报，将依据有关法律予以追究。

姓名＿＿＿＿＿＿＿＿＿ 性别：＿＿ □男 □女

出生日期＿＿年＿＿月 国籍/地区＿＿＿＿＿＿

护照号码＿＿＿＿＿ 车(船)次/航班号＿＿＿＿＿

1、此前14天您到过的国家和城市＿＿＿＿＿＿

2、此后14天内的联系地址和电话＿＿＿＿＿＿
＿＿＿＿＿＿＿＿＿＿＿＿＿＿＿＿＿＿＿

3、如您有以下症状，请在"□"中划"√"
　　□发烧 □咳嗽 □呼吸困难 □呕吐 □腹泻

4、如您患有以下疾病，请在"□"中划"√"
　　□精神病　　　□性传播疾病　　□麻风病
　　□开放性肺结核　□艾滋病(包括病毒携带者)

我已阅知本申明卡所列事项，并保证以上申明内容正确属实。

旅客签名：　　　　　　日期：　　年　月　日

体温(检疫人员填写)：＿＿＿＿℃

학습하기

출입국 검역신청서 1

本申明卡为机读卡片，请勿揉折，以免影响您正常通关。请将您选中项前的○涂黑●

본 신고 카드는 컴퓨터 판독 카드로 구기거나 접지 말아야 정상적으로 통관하는 데 영향을 받지 않습니다. 당신이 고른 항목의 ○를 ●로 검게 칠하시오.

출입국검역신청서 2

如您有以下症状或疾病，请选项申报。

만약에 당신이 다음과 같은 증상과 질병이 있다면 항목을 골라 신고하십시오.

过去14天内是否与传染性非典型肺炎患者或疑似患者有过密切接触？

과거 14일 동안 사스(Sars) 감염 환자 또는 유사 환자와 접촉한 적이 있습니까?

출입국검역신청서 3

我已阅知本申明卡所列事项，并保证以上申报内容正确属实。

본인은 이미 신청서에 열거된 사항들을 읽어 알고 있으며, 이상의 신고한 내용은 정확하게 사실과 일치함을 보증합니다.

旅客签名

여행자 서명

 2주·2강

심화학습

❶ 连一连

1) 申请 2) 年级 3) 专业 4) 旅游 5) 水平

❷ 填空

1) 影响 2) 申请 3) 影响 4) 提高 5) 研究 6) 研究 7) 批准 8) 签名 9) 发热
10) 非典型肺炎

Step
3주 • 1강

通知书

학습목표 중국어 통지서에 관련한 단어와 문장표현을 이해하고 자신이 알리고자 하는 내용을 중국어로 표현해봅니다.

학습내용

1. 학습하기
   ❶ 한국어로 옮겨보며 형식 파악하기
      通知书 1 - 韩译
   ❷ 중국어 통지서 작성법
   ❸ 중국어의 문장 부호 쉼표 ', ' 익히기
   ❹ 한국어 문장을 중국어로 옮기기
      通知书 2 - 中译

2. 심화학습

1 학습하기

❶ 한국어로 옮겨보며 형식 파악하기

단어

- 兹 [zī] 명 현재, 이번
- 定于 [dìng yú] 동 …에/로 예정하다
- 召开 [zhào kāi] 동 열리다
- 研究 [yán jiu] 동 의논하다
- 假期 [jià qī] 명 휴가 기간
- 准时 [zhǔn shí] 명 정시
- 出席 [chū xí] 동 출석하다

▶ 通知书 1 – 韩译

通 知

　　兹定于九月十五日(星期三) 下午兩点, 在二楼会议室召开全体外国留学生会议, 研究假期旅行问题。
　　请准时出席

外国留学生部办公室
八月二十二日

❷ 중국어 통지서 작성법

통지서는 어떠한 일을 알리고자 할 때 사용하는 응용문의 일종입니다.
통지서는 기본적으로 다음 사항들을 갖추어야 합니다.

1) **표제** : 표제는 보통 '通知', '海报', '公告', '通告' 등의 문자를 사용합니다. 직접 알리는 내용을 써도 되고 주의를 끌기 위해 앞에 '紧急'이나 '重要' 자를 붙이기도 합니다.
예) 开会通知, 体育消息, 紧急通知, 重要通告

2) **본문** : 전하는 내용으로 문자는 요약, 간결해야 하고, 분명해야 합니다. 또한 활동을 알리는 경우에는 시간과 장소, 내용과 주의사항 등을 정확히 써야 합니다.

3) **마무리** : 끝부분에는 보통 '特此通知(이에 특별히 알립니다)', '欢迎参加(참가를 환영합니다)', '准时出席(정시에 출석해 주시기 바랍니다)' 등의 문구를 줄을 바꿔서 덧붙입니다.

4) **기관명** : 통지서를 발표하는 기관 또는 사람의 이름을 오른 쪽 아래 쓰고, 때로 기관 도장을 찍기도 합니다.

5) **날짜** : 통지서를 발표한 날짜를 통지인의 이름 아래에 줄을 바꿔 씁니다.

※ 통지서 작성 시 자주 사용되는 표현

通告 알림	告示 게시문
重要通知 중요 통지	好消息 좋은 소식
周末电影 주말의 영화	联欢会 친목회
座谈会 좌담회	茶话会 다과회
文艺晚会 만찬 쇼	地点 장소
主办单位 주관기관	届时 때가 되면
务必 반드시	欢迎参加 참가를 환영합니다.

欢迎大家踊跃踊跃参加 모두의 열렬한 참가를 환영합니다.

特此通告 이에 특별히 알립니다.
特通知如下 다음과 같이 특별히 알립니다.
另行通知 따로 통지를 합니다.
望互相转告 서로 연락 해주시기 바랍니다.

❸ 중국어의 문장 부호 '쉼표 , ' 익히기

한국어 명칭 : 쉼 표 ' , '

중국어 명칭 : 逗号 [dòu hào]

🔵 용법설명

한자는 다의적인 해석이 가능하고, 형태상으로는 자동사나 타동사의 구분이 없습니다. 문장 해석 시 여러 의미로 해석되는 경우를 방지하기 위해 쉼표 ' , '의 사용에 주의해야 합니다.

1) 我赞成他也赞成你怎么样?
  → _____

2) 北京队打败了上海队获得了冠军。
  → _____

3) 不这样做不行。
  → _____

통 지

한국 역사에 대해 잘 알고 계십니까? 내일 오후 3시 유학생부에서 역사과의 박신양 교수님을 초청해, 교수님께서 학생 여러분께 ≪한국역사와 문화≫를 강연해 주십니다. 현재 ≪한국개황≫을 배우고 있는 학생들은 반드시 참가하십시오.

　장소: 도서관 506호
　2012年 10月 24日

타과 학생들의 참가도 환영합니다.

　　　　　　　　　　　　　　　　　　　　　　천하대학 유학생부

❹ 한국어 문장을 중국어로 옮기기

▷ 通知书 2 - 中译

단어

□	잘 알다	了解 [liǎo jiě], 熟悉 [shú xī]
□	역사과	历史系 [lì shǐ xì]
□	청하다	邀请 [yāo qǐng], 请 [qǐng]
□	강의하다	讲 [jiǎng]
□	한국 개황	韩国概况 [Hánguó gàikuàng]
□	반드시	务必 [wù bì]
□	참가하다	参加 [cān jiā]

문장 익히기

※ 다음 문장을 중국어로 옮겨 보세요.

1) 한국 역사에 대해 잘 알고 계십니까?
   → _____

2) 내일 오후 3시 유학생부에서 역사과의 박신양 교수님을 초청합니다.
   → _____

3) 朴교수님께서 학생 여러분께 ≪한국역사와 문화≫를 강의해주십니다.
   → _____

4) 현재 ≪한국개황≫을 배우고 있는 학생들은 반드시 참가하십시오.
   → _____

5) 다른 학생들의 참가도 환영합니다.
   → _____

6) 장소: 도서관 506호
   → _____

7) 시간: : 2012년 10월 24일
   → _____

8) 천하대학 유학생부
   → _____

2 심화학습

※ 다음 문장에 적당한 곳에 ' , '를 표시하시오.

1) 这故事很美丽幽雅有趣。
 → _____

2) 庭院有些日本风味听说本是日本人住过的地方。
 → _____

3) 大娘您到哪儿去？
 → _____

4) 我是看得很清楚很清楚的呀！
 → _____

5) 甲队战败了乙队夺得了冠军。
 → _____

학습하기

❶ 한국어로 옮겨보며 형식 파악하기

▶ 通知书 1 – 韩译

> **통 지**
> 이번 9월 15일(수요일) 오후 2시에, 2층 회의실에서 전체 외국유학생 회의를 열어 휴가 기간의 여행 문제를 의논할 예정입니다. 정시에 출석해 주시기 바랍니다.
>
> 외국 유학생부 사무실
> 8월 22일

❸ 중국어의 문장 부호 쉼표 ' , ' 익히기

1) ① 我赞成, 他也赞成, 你怎么样? 나도 찬성하고 그도 찬성하는데 너는 어때?
   ② 我赞成他, 也赞成你, 怎么样? 나는 그의 의견에도, 너의 의견에도 찬성하는데 어떻게 생각하니?
2) ① 北京队打败了, 上海队获得了冠军。 북경팀이 지고, 상해팀이 우승을 차지했다.
   ② 北京队打败了上海队, 获得了冠军。 북경팀이 상해팀을 이기고 우승을 차지했다.
3) ① 不, 这样做不行。 안돼, 이러면 안돼.
   ② 不这样做, 不行。 이렇게 하지 않으면 안돼.

3주·1강

❹ 한국어 문장을 중국어로 옮기기

1) 你了解(熟悉) 韩国的历史吗 ?
2) 明天下午三点, 留学生部(邀)请历史系朴信扬教授。
3) 朴教授给同学们讲≪韩国历史与文化≫。
4) 请正在学习≪韩国概况≫的同学务必参加。
5) 欢迎其他同学参加。
6) 地点: 图书馆 506号
7) 时间: 2012 年 10月 24日
8) 天下大学 留学生部

완성문

通 知

　　你了解韩国的历史吗? 明天下午三点,留学生部请历史系朴信扬教授给同学们讲 《韩国历史与文化》。请正在学习《韩国概况》的同学务必参加。

地点: 图书馆 506号
时间: 2012年 10月 24日

欢迎其他同学参加 。

天下大学 留学生部

심화학습

1) 这故事很美丽, 幽雅, 有趣。
   이 이야기는 아름답고, 그윽한 맛과 재미가 있다.
2) 庭院有些日本风味, 听说本是日本人住过的地方。
   정원은 일본 분위기가 풍겼는데, 들으니 원래 일본인이 살던 곳이라고 했다.
3) 大娘, 您到哪儿去？ 아주머니, 어디 가세요?
4) 我是看得很清楚, 很清楚的呀！ 나는 아주 분명히, 아주 분명히 보았어!
5) 甲队战败了, 乙队夺得了冠军。 甲팀은 패하고, 乙팀이 우승을 차지했다.
   甲队战败了乙队, 夺得了冠军。 甲팀이 乙팀을 이기고, 우승을 차지했다.

Step

3주 • 2강

영수증

학습목표 각종 영수증(小票)을 보는 법을 통해 실제로 중국에서 물건을 사고 확인, 또는 반품할 시 필요한 단어들과 표현들을 배워봅니다.

학습내용

1. 학습하기
❶ 할인점 영수증
❷ 택시 영수증
❸ 기부금 영수증

2. 심화학습
❶ 连一连
❷ 填空

1 학습하기

❶ 할인점 영수증

🌀 단어 익히기

- 小票 [xiǎo piào] 명 영수증 (참고) 收据[shōu jù], 收条[shōu tiáo], 单据[dān jù]
- 零售商 [líng shòu shāng] 명 할인점
- 家乐福 [Jiā lè fú] 명 까르프 (참고) 沃尔玛[Wò ěr mǎ], 易买得[Yì mǎi dé]
- 收款员 [shōu kuǎn yuán] 명 출납원
- 总店 [zǒng diàn] 명 본점
- 花生酥 [huā shēng sū] 명 (바삭바삭한) 땅콩과자
- 芝麻 [zhī ma] 명 참깨
- 什锦 [shí jǐn] 형 여러 가지 원료의
- 买三赠一 [mǎi sān zèng yī] 셋을 사면 하나는 보너스
- 总计 [zǒng jì] 명 합계
- 优惠 [yōu huì] 명 특혜
- 实收 [shí shōu] 명 실수입
- 找零 [zhǎo líng] 동 돈을 거스르다
- 金额 [jīn é] 명 금액
- 核对 [hé duì] 동 대조 확인하다
- 凭 [píng] 동 …를 근거로 하다
- 退换 [tuì huàn] 동 반품교환하다
- 恕 [shù] 동 용서를 바라다

문장 익히기

1) 请收好(保存)此票, 钱物当时核对!
   → _____

2) 如有质量问题, 凭此票退换!
   → _____

3) 请您注意: 如无质量问题恕不退换!
   → _____

4) 请当场核对商品与票据价格是否一致 退还商品以此票为据, 谢谢合作。
   → _____

5) 当日开发票有效, 过期无效。
   → _____

6) 为保障您的权益, 请保留电脑小票!
   → _____

할인점 영수증

```
           欢迎光临家乐富总店
             TEL:62640346
       日期: 12/01/20  收款员:0004
       ·····································
              300g 新福达花生酥
         01677   1.000    9.70    9.70
              30g 乐高摇摆虾
         01054   1.000    5.40    5.40
             采芝斋150g 芝蔬太妃糖
         17046   1.000   10.00   10.00
               散卖什锦
         89500   1.000   12.80   12.80
               加工面包
         93470   1.000   17.70   17.70
            天露降脂茶买三赠一
         82464   2.000   48.00   96.00
            三元500ml 脱脂牛奶
         09419   1.000    5.40    5.40
       ·····························18:10:57
           总计:157.00      优惠:
           实收:160.00      找零: 3.00
         现金金额:157.00

         请收好(保存)此票, 钱物当时核对!
         如有质量问题, 凭此票退换!
```

❷ 택시 영수증

🔵 단어 익히기

- 出租汽车 [chū zū qì chē] 명 택시
- 京地税 [jīng dì shuì] 명 북경시 지방세
- 里程 [lǐ chéng] 명 거리
- 状态 [zhuàng tài] 명 상태
- 发票 [fā piào] 명 영수증
- 单价 [dān jià] 명 단가
- 等候 [děng hòu] 동 대기하다
- 批准 [pī zhǔn] 동 허가하다

🔵 문장 익히기

1) 机打发票手写无效
   → _____

2) 此发票经北京市地方税务局批准印制
   → _____

3) 社会主义税收取之于民用之于民
   → _____

4) 依法纳税是每个公民应尽的义务
   → _____

택시요금 영수증 앞면, 택시요금 영수증 뒷면

베이징 택시영수증 뒷면   베이징 택시영수증 앞면   상하이 택시영수증 앞면

❸ 기부금 영수증

🔵 단어 익히기

- 捐赠 [juān zèng] 동 (국가나 단체 등에) 기부하다.= 捐献赠送
- 收据 [shōu jù] 명 영수증
- 大写 [dà xiě] 명 갖은자, 대문자
- 小写 [xiǎo xiě] 명 한자 숫자의 보통 글씨체, 소문자.
- 签章 [qiān zhāng] 명 관인(官印), 검인(检印)
- 审核 [shěn hé] 동 (문서 등을) 심사하여 결정하다.
- 支票 [zhī piào] 명 수표(check).

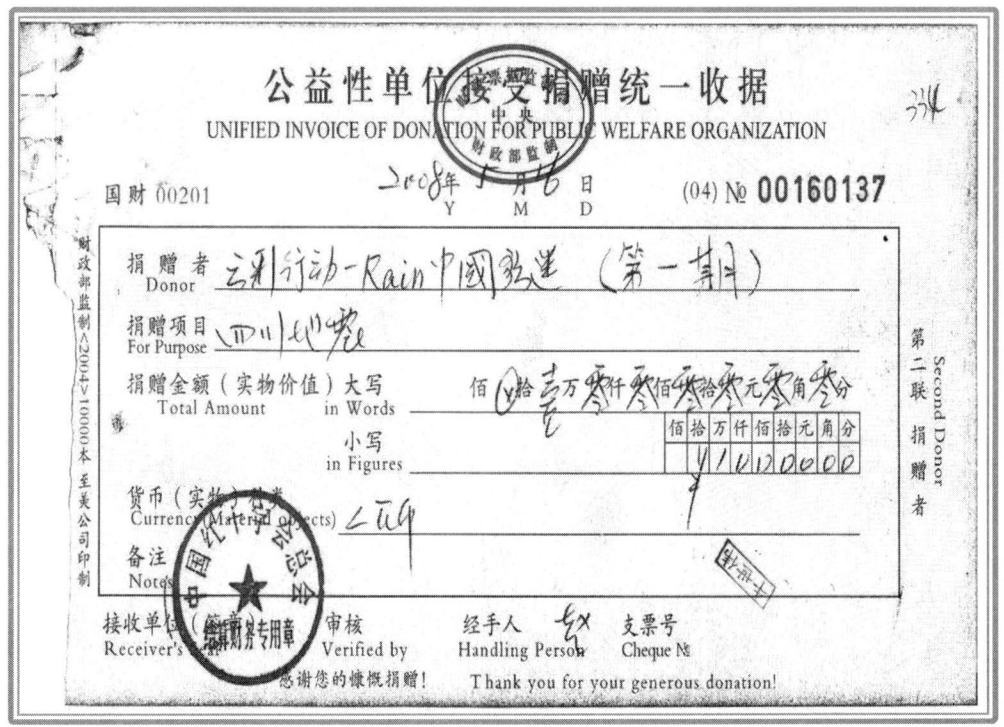

기부금에 대한 감사의 편지

2 심화학습

❶ 连一连

1) 休假或放假的时期
2) 把事项告诉人知道，告知事项的文字或口信
3) 战胜对方或失败,被对方战胜
4) 收到财物后写给对方的字据
5) 审核查对 核对数字

- 通知
- 假期
- 小票, 收据
- 核对
- 打败

❷ 填空

1) ____间请同学们注意安全。방학 기간에 학우들은 안전에 주의하세요.
2) 他____我明天有人来参观。그는 내일 어떤 사람이 참관하러 온다고 내게 알려 주었다.
3) 我来打给你一张____。제가 당신께 영수증 한 장을 찍어 드릴게요.
4) 上级____了我们的要求。상급 부서에서 우리의 요구를 승인했다.
5) 商店用"糖"代替"____"合法吗？상점에서 '사탕'으로 '거스름'을 대신하는 것이 합법인가요？
6) 2008年上半年中国红基会累计接受海内外____13.95亿元,其中地震灾害____12.5亿元。2008년 상반기 중국 적십자회가 누계접수한 기부는 13억9천5백만 위안이며 그중 지진 재해 기부는 12억 오천만 위안이다.
7) 请您耐心____一下。참을성 있게 좀 기다려 주세요.
8) 网上买书有九折____。인터넷상에서 책을 구입하면 10퍼센트 할인된다.
9) 他是个_____司机。그는 택시 기사이다.
10) 打折商品可以____吗？세일 상품을 교환할 수 있습니까？

出租汽车　捐赠　找零　批准　收据　通知　退换　假期　等候　优惠

3주 · 2강

학습하기

❶ 할인점 영수증

🔵 문장 익히기

1) 이 표를 잘 보관하십시오. 금액과 물건을 바로 대조해 확인하십시오.
2) 만약에 품질에 문제가 있다면 이 영수증에 근거해 반품 또는 교환할 수 있습니다.
3) 주의: 품질에 문제가 없으면 반품 또는 교환할 수 없음을 양해하십시오.
4) 현장에서 상품과 영수증 가격이 일치하는지 대조 확인하십시오, 반품 또는 교환은 본 영수증에 의거합니다. 협조에 감사드립니다.
5) 당일 영수증만 유효하며 기일이 지난 것은 무효입니다.
6) 당신의 권익을 보장받기 위해, 전자 영수증을 잘 간직하십시오.

❷ 택시 영수증

🔵 문장 익히기

1) 기계가 영수증을 발급하며, 손으로 쓴 것은 무효입니다.
2) 이 영수증은 북경시 지방세무국 허가를 거쳐 인쇄 제작한 것입니다.
3) 사회주의세금 수입은 공민에게서 공민에게로
4) 법에 따른 납세는 매 공민이 당연히 해야 할 의무

3주 · 2강

심화학습

❶ 连一连

1) 假期   2) 通知   3) 打败   4) 小票, 收据   5) 核对

❷ 填空

1) 假期   2) 通知   3) 收据   4) 批准   5) 找零   6) 捐赠, 捐赠   7) 等候   8) 优惠
9) 出租汽车   10) 退换

Step 4주 • 1강

住宿登记表

학습목표 중국어 숙박신고서(住宿登记表) 작성과 호텔에서의 서비스 관련 표현들을 통해 실제로 중국 여행에서 호텔에 머물 때 필요한 단어들과 표현들을 배워봅니다.

학습내용

1. **학습하기**

   ❶ 住宿登记表
   ❷ 客房出租通知单
   ❸ 境外人员临时住宿登记表
   ❹ 중국어의 문장 부호 쌍반점 ' ; ' 익히기

2. **심화학습**

1 학습하기

❶ 住宿登记表 숙박신고서

단어

- 客房 [kè fáng] 명 객실
- 单位 [dān wèi] 명 (단체, 기관 등의) 부문
- 接洽人 [jiē qià rén] 명 (거래 조건) 상담인
- 客厅 [kè tīng] 명 응접실 (참고) 客房[kè fáng]
- 伙食 [huǒ shí] 명 단체 식사
- 付款 [fù kuǎn] 동 돈을 지불하다 (참고) 公费[gōng fèi], 自费[zì fèi]
- 备注 [bèi zhù] 명 참고 사항
- 供应 [gōng yìng] 동 제공하다 (참고) 烟[yān], 茶[chá], 水果[shuǐ guǒ], 糖[táng]
- 酒店 [jiǔ diàn] 명 호텔 (참고) 饭店[fàn diàn], 饭馆 [fàn guǎn]
- 豪华 [háo huá] 형 호화롭다
- 传真 [chuán zhēn] 명 팩스
- 签注 [qiān zhù] 동 (증명서·장부 등에) 의견 또는 관련 사항을 써 넣다.

优惠酒店价格表 할인 호텔 가격표

所在镇区	酒店名称	房价	电话	传真	联系人	备注	地址
顺德大良区	新世界万怡酒店 ★★★★	豪华单/双人房: 820元 标准双人房: 900元	0765-2218333	0765-2220583	于小姐	不含早餐	清晖路150号
	仙泉酒店 ★★★★	标准双人房: 400元 豪华双人房: 440元	0765-2328333	0765-2291163	刘先生	含一份早餐 早餐费:48元/份	顺峰山路段
	福盈酒店	标准客房: 400元 豪华客房: 498元	0765-2387337	0765-2387336	黄小姐	含早餐	环市北路38号
	中旅大酒店 ★★★	标 准 房: 278元 高 级 房: 310元	0765-2332879	0765-2222876	张小姐	含早餐	宜新路28号
	皇帝酒店	标 准 房: 373元 豪 华 房: 436元	0765-2270888	0765-2271208	李小姐 苏小姐	含早餐	锦龙路118号
	凤城酒店	标准双人房: 324元 豪华双人房: 340元	0765-2225889 -605	0765-2225886	朱先生	不含早餐 早餐费:22元/位	碧鉴路1号
	盈建酒店	豪华单人房: 290元 豪华双人房: 310元	0765-2211033	0765-2213159	张小姐	含早餐	清晖路156号

住宿登记表

公司名称			授权盖章	
联系人		电　话	传　真	
入住酒店				
入住时间（月、日）	退房时间（月、日）	房间类型	数量（间）	

❷ 客房出租通知单 객실임대 통지서

租房单位			接洽人	
国籍		人数	电话	
房间等级	特			
	甲			
	乙			
	客厅			
起租日期		伙食标准		
付款方法		饮料		
备　注		房间供应		

❸ 境外人员临时住宿登记表 외지인 임시 숙박신고서

境外人员临时住宿登记表 REGISTRATION FORM OF TEMPORARY RESIDENCE					
英文姓:			英文名:		
性别		出生日期	年　月　日	国家或地区	
中文姓名		入境日期	年　月　日		年　月　日
在华地址					年　月　日
	证件种类	证件号码	证件有效期	签证/签注种类	签证/签注有效期
外国人					
台湾居民					
华侨、港澳居民					
备注	联系电话		离宿日期	年　月　日	
	迟报处理情况				
			年　　　月　　　日		
派出所盖章						

❹ 중국어의 문장 부호 쌍반점 ' ; ' 익히기

한국어 명칭: 쌍반점 ' ; '

중국어 명칭: 分号 [fēn hào]

용법설명

(1) 쉼표보다 길고, 마침표보다 짧은 음운적 휴지를 나타낸다.
微笑是美的，美是有感召力的。
미소는 아름다운 것이며, 아름다움은 감화력을 가진다.

微笑是笑之国度里的国王；微笑是笑之花海中的牡丹。
미소는 웃음 국가의 국왕이며, 미소는 웃음 꽃 바다의 모란꽃이다.

语言，人们用来抒情表达；文字，人们用来记言记事。
언어는 사람들이 감정을 표현하는데 사용하고, 문자는 말과 일을 기록하는데 사용한다.

(2) 병렬된 복문 사이에 사용하여, 문장 구조에서의 전개 순서(层次)를 명확하게 한다.
北京紫禁城有四座城门：午门，神武门，东华门和西华门。
베이징 자금성에는 우문, 신무문, 동화문과 서화문의 4개의 성문이 있다.

早上，我去读书；晚上，我温习功课。
아침에는 독서를 하고, 저녁에는 복습을 한다.

内容有分量，尽管文章短小，也是有分量的；如果内容没有分量，尽管写得多么长，愈长愈没有分量。
글에는 무게가 실리며, 짧은 문장이라 해도 무게가 있기 마련이다. 만약 내용에 무게가 없다면 아무리 길게 쓴다 해도 길면 길수록 무게가 없기 마련이다.

(3) 나열된 각 항목들 사이에 사용한다.
中华人民共和国的行政区划分如下：
(一) 全国分为省、自治区、直辖市；
(二) 省、自治区分为自治州、县、自治县、市；
(三) 县、自治县分为乡、民族乡、镇。

※ 중화인민공화국의 행정구역 구분은 다음과 같다.

(1) 전국은 성, 자치구, 직할시로 나뉜다.
(2) 성과 자치구는 자치주, 현, 자치현, 시로 나뉜다.
(3) 현과 자치현은 향, 민족향, 진으로 나뉜다.

2 심화학습

※ 다음 문장에 잘못 표시된 문장 부호를 바르게 고치시오.

1) 还有一种意见认为，爱国主义有四种特点．时代性；阶级性；民族性；包容性。
   → _____

2) 艺术有两个来源　一是理想　理想产生欧洲艺术，二是幻想，幻想产生东方艺术。
   → _____

3) 如果你浪费时间, 时间就荒废你的青春、如果你重视时间, 时间就珍惜你的生命。
   → _____

학습하기

외지인 임시 숙박신고서
REGISTRATION FORM OF TEMPORARY RESIDENCE

영문 성:			영문 이름 :			
성별		출생날짜	年 月 日	국가 또는 지역		
중국어 이름		입국날짜	年 月 日		年 月 日	
중국 주소					年 月 日	
	증명서종류	증명서번호	증명서유효기간	비자/비주종류	비자/비주유효기간	
외국인						
대만주민						
화교, 홍콩·마카오 주민						
비고	연락전화			퇴실날짜	年 月 日	
	연착처리상황					

年　　月　　日

파출소 인장

심화학습

1) 또 하나의 의견으로는 애국주의에는 4가지 특징, 시대성, 계급성, 민족성, 포용성이 있다는 것이다.
   还有一种意见认为，爱国主义有四种特点：时代性、阶级性、民族性、包容性。
   Hint ';'은 병렬된 복문 사이에 사용하며, ','대신에 '、'을 사용할 수 있습니다.

2) 예술에는 두 가지 유래가 있다. 첫 번째는 이상으로 이상은 유럽예술을 탄생시켰다. 두 번째는 환상으로 환상은 동방예술을 탄생시켰다.
   艺术有两个来源：一是理想，理想产生欧洲艺术；二是幻想，幻想产生东方艺术。
   Hint ': '는 '; '보다 포괄적이다.

3) 만약에 당신이 시간을 낭비하면 시간은 당신의 청춘을 황폐하게 할 것이며, 당신이 시간을 소중히 하면 시간은 당신의 생명을 소중히 할 것이다.
   如果你浪费时间，时间就荒废你的青春；如果你重视时间，时间就珍惜你的生命。

Step
4주 • 2강

호텔서비스

학습목표 호텔에서의 서비스 관련 표현들을 통해 실제로 중국여행에서 호텔에 머물 때 필요한 단어들과 표현들을 배워봅니다.

학습내용

1. **학습하기**
   ❶ 服务简介
   ❷ 服务意见书

2. **심화학습**
   ❶ 连一连
   ❷ 选一选
   ❸ 服务意见书 작성하기

1 학습하기

❶ 服务简介

🔵 단어 익히기

- 外线 [wài xiàn] 몡 외부 전화선
- 长途 [cháng tú] 몡 장거리
- 代办 [dài bàn] 동 대행하다
- 外币 [wài bì] 몡 외화
- 兑换 [duì huàn] 동 화폐로 교환하다
- 托办 [tuō bàn] 동 위탁하다
- 弹子房 [dàn zi fáng] 몡 당구장 = 台球厅[tái qiú tīng]
- 按摩 [àn mó] 동 안마하다
- 冲洗 [chōng xǐ] 동 사진을 현상하다
- 订阅 [dìng yuè] 동 구독하다
- 服务台 [fú wù tái] 몡 프런트 데스크

- 拨 [bō] 동 (다이얼을)돌리다
- 均 [jūn] 부 대체적으로
- 邮电 [yóu diàn] 몡 체신 = 邮政电信
- 小卖部 [xiǎo mài bù] 몡 소매점
- 选购 [xuǎn gòu] 동 골라 구매하다
- 酒柜 [jiǔ guì] 몡 스탠드 바 = 酒柜台
- 健身房 [jiàn shēn fáng] 몡 헬스장
- 胶卷 [jiāo juǎn] 몡 사진 필름
- 电讯 [diàn xùn] 몡 전보
- 退房 [tuì fáng] 동 퇴실하다 = 离店

🔵 문장 익히기

1) 房间电话要外线请先拨"0", 要其他房间电话可直拨房号。

   → _____

2) 要长途电话请拨"300"或"500"号均可,为您代办。

   → _____

3) 首层大厅设有小卖部、出租汽车、邮电、外币兑换处。
　→ _____

4) 小卖出售食品、百货、工艺品、外国名烟名酒, 欢迎选购。
　→ _____

5) 首层大厅两侧设有中、西餐厅, 营业时间如下。
　→ _____

6) 六楼设有、健身房、弹子房和理发室。
　→ _____

7) 理发室内设有按摩项目, 为您服务。
　→ _____

8) 您有托办事项, 请与本楼服务台联系。
　→ _____

9) 如, 修理衣物、冲洗胶卷、订阅《人民日报》和外文电讯等。
　→ _____

10) 自费宾客退房可直接通知本楼服务台办理手续。
　→ _____

11) 本店房费计算方法如下:
　→ _____

12) 一天以上住房, 十二时以前离店, 免收当日房费;
　→ _____

13) 十二时至十八时离店，收日房费50%；
   → _____

14) 十八时以后离店，照收全日租费。
   → _____

15) 长期住房半月结算一次。
   → _____

❷ 服务意见书

🔵 단어 익히기

- 整体上 [zhěng tǐ shang] 전체적으로
- 优良 [yōu liáng] 우수하다
- 欠佳 [qiàn jiā] 불량하다
- 值班经理 [zhí bān jīng lǐ] 당직 지배인
- 收银员 [shōu yín yuán] 출납원
- 礼宾 [lǐ bīn] 예의를 갖추어 손님을 맞다
- 管家 [guǎn jiā] 가사를 관리하다
- 舒适 [shū shì] 쾌적하다
- 前厅 [qián tīng] 프런트 데스크, 안내 데스크
- 结帐 [jié zhàng] 계산하다
- 送餐服务 [sòng cān fú wù] 룸 서비스
- 以便 [yǐ biàn] …하기 위하여
- 殷勤 [yīn qín] 정성스럽다
- 重返 [chóng fǎn] 되돌아오다
- 附上 [fù shàng] 동봉해 보내다

- 阁下 [gé xià] 귀하
- 一般 [yìbān] 보통이다
- 礼貌 [lǐ mào] 예의바르다
- 门童 [mén tóng] 벨보이
- 行李 [xíng li] 짐
- 清洁 [qīng jié] 청결
- 酒廊 [jiǔ láng] 살롱
- 宴会厅 [yàn huì tīng] 연회장
- 提名 [tí míng] 지명하다
- 友好 [yǒu hǎo] 우호적이다
- 再度 [zài dù] 두번째

문장익히기

1) 整体上，酒店是否达至阁下之要求？
   → _____

2) 阁下是否得到有效而礼貌的服务？
   → _____

3) 阁下之房间有否需要进一步改善之地方？
   → _____

4) 请对以下服务做出评价。
   → _____

5) 阁下对各餐厅食品及服务之意见。
   → _____

6) 请阁下提供其他建议及意见，以便酒店能进一步改善。
   → _____

7) 请提名酒店内服务态度最殷勤、友好员工。
   → _____

8) 如果重返北京，你是否会再度光临本大酒店。
   → _____

9) 如你愿意，请提供以下资料及附上名片。
   → _____

2 심화학습

❶ 连一连

1) 机关、团体或属于机关团体的部门　　　　• 酒店
2) 主要供旅客住宿的房间　　　　　　　　　• 客房
3) 较大而设备好的旅馆　　　　　　　　　　• 单位
4) 指在栏目内所加的注解说明　　　　　　　• 客厅
5) 装饰布置专用于接待客人的大厅　　　　　• 备注

❷ 选一选

1) 如何在学校里开一个_____？학교 안에 매점을 열려면 어떻게 하나요?
2) 今天____里来了好多客人。오늘 호텔에 많은 손님들이 왔다.
3) 我在_____点了午餐。점심을 룸서비스로 주문했다.
4) 近两年____进了不少新人。최근 몇 년 동안 회사에 신입사원들이 많이 들어왔다.
5) 这套房有两个房间, 还有一个____。이 집에는 방이 두 개, 또 거실이 하나 있다.
6) 如何写法律_____？법률 의견서(소견서)는 어떻게 쓰지요?
7) 宾馆的____时间为14：00, ____时间为正午12：00。
   호텔의 체크인은 14시, 체크 아웃은 정오 12시 입니다.
8) 观众给予这部电影很高的____。관객들은 이 영화에 대해 높은 평가를 내렸다.
9) 酒店____,又称为总服务台,或称为总台、前台等。
   호텔의 프런트 데스크는 서비스 카운터, 안내데스크, 프런트 카운터라고도 한다.
10) ____先存在这儿, 回头再来取。
    짐을 우선 여기에 맡겨두었다가 돌아와 다시 찾자.

客厅　前厅　入住　行李　意见书　小卖部　酒店　离店　客房服务　行李　单位　评价

❸ 服务意见书 작성하기

尊敬的来宾：
　　欢迎您光临怀化大酒店，并真诚地希望您对我们提出宝贵意见，以便帮助我们提高服务质量和管理水平，您的意见我将亲自阅读。
　　感谢您光临怀化大酒店，并期待您再次光临。
　　　　　　　　　　　　　　总经理启

Dear guests:
　　Please allow me to extend warm welcome to you to Huaihua Hotel. I shall be very appreciative of any suggestions you put forth for better service All suggestions will be studied by me personally Service improvement will be made as soon as possible.
　　Thank you for you coming. I hope you will enjoy your stay at this hotel and look forward to seeing you again here.
　　With best wishes and warm regards.
　　Sincerely yours.
　　　　　　　　　　　　General Manager

阁下为何选择怀化大酒店？
why did you choose Huaihua Hotel?
网上预订　Online Booking　☐
旅行社　　Travel Agency　☐
广　告　　Advertising　☐
公司安排　Company Arrangement　☐
以前曾住过　Previous Experience　☐
慕名而来　Reputaion　☐
地理位置　Location　☐
他人推荐　Personal Recommendation　☐
其　他　　Others　☐

你是否在以下部门得到有礼貌和快捷的服务？　是　否
Did you receive efficient and courteous service from?　Yes　No
餐　厅　　Restaurant　☐☐
问讯处　　Information　☐☐
接待处　　Reception　☐☐
收银处　　Cashier　☐☐
行李部　　Bell and transportation　☐☐
总　机　　General Switchboard　☐☐
商务中心　Business Center　☐☐
意　见　　Comments: ＿＿＿＿＿

您对客房有何意见？　　　　　　　　　是　否
What did you think of Your room accommodation?　Yes　No
舒　适　　Comfortabie　☐☐
清　洁　　Clean　☐☐
安　全　　Safe　☐☐
设备齐全　Properly supplied　☐☐
服务员态度好　Satisfactory Floor Attendant Service　☐☐
意　见　　Comments: ＿＿＿＿＿

您对本酒店的食品质量和服务印象如何？　是　否
Did you enjoy our restaurants tood and service?　Yes　No
宴会餐　　Banquet Meal　☐☐
丹鹤美食城　Danhe Delicacy Town　☐☐
包　厢　　Room　☐☐
大堂吧　　Lobby Bar　☐☐
意　见　　Comments: ＿＿＿＿＿

如您有其他看法和建议，请写在下面：
Additional comments and suggestions

＿＿＿＿＿＿＿＿＿＿＿＿＿＿＿＿＿
＿＿＿＿＿＿＿＿＿＿＿＿＿＿＿＿＿
＿＿＿＿＿＿＿＿＿＿＿＿＿＿＿＿＿
＿＿＿＿＿＿＿＿＿＿＿＿＿＿＿＿＿

姓　名 Name ＿＿＿＿ 国籍 Nationality ＿＿＿＿
房　号 Room No ＿＿＿＿ 入住日期 Arrical Date ＿＿＿＿
地　址 Address ＿＿＿＿ 联系电话 Phone NO ＿＿＿＿

4주 · 2강

> 학습하기

❶ 服务简介

◉ 문장 익히기

1) 객실의 외부 전화는 먼저 "0"을 돌리십시오. 기타 방 전화는 직접 방 번호를 돌리십시오.
2) 장거리 전화를 거실 때는 "300" 또는 "500"번을 돌리시면 대신 해드리겠습니다.
3) 1층 로비에 매점과 택시, 체신, 외화 교환 창구가 설치되어 있습니다.
4) 매점에는 식품과 잡화, 공예품, 외국 유명 담배와 술을 판매하오니 구매하시기 바랍니다.
5) 1층 로비의 양쪽에는 중식과 양식 식당을 갖추고 있습니다. 영업시간은 다음과 같습니다.
6) 6층에는 헬스실과 당구장, 이발소가 갖추어져 있습니다.
7) 이발소 내에는 당신을 위한 안마 서비스를 갖추고 있습니다.
8) 부탁하실 사항이 있으시면 본 호텔 프런트 데스크로 연락하십시오.
9) 예를 들어, 의복 수리, 필름 현상, ≪人民日报≫구독과 외국어 전보 등
10) 자비 고객께서는 퇴실 시, 본 호텔의 프런트 데스크에 알리시고 수속을 하십시오.
11) 본 호텔의 객실 요금 계산 방법은 다음과 같습니다.
12) 하루 이상 머물 경우, 12시 이전에 체크 아웃하시면 당일 요금을 제외합니다.
13) 12시 이후에서 18시 사이에 체크 아웃하시면 당일 요금의 50%를 받습니다.
14) 18시 이후에 체크 아웃하시면 1일 객실 요금을 받습니다.
15) 장기 입실 고객에게는 보름마다 요금계산을 합니다.

❷ 服务意见书

◉ 문장익히기

1) 전체적으로 호텔이 귀하가 요구하는 수준에 이르렀습니까?

2) 귀하는 효율적이고 예의 바른 서비스를 받으셨습니까?
3) 귀하의 객실에 한층 더 개선해야 할 부분이 있는지요?
4) 다음의 서비스에 대하여 평가를 해 주십시오.
5) 귀하의 각 식당 음식 및 서비스에 대한 의견입니다.
6) 호텔이 좀 더 발전할 수 있도록 귀하께서 기타의 건의 및 의견을 제공하여 주시기 바랍니다.
7) 호텔 내 서비스 태도가 가장 정성스럽고 우호적인 직원을 지명해주십시오.
8) 북경에 다시 오신다면 본 호텔을 다시 왕림해 주시겠습니까?
9) 원하신다면, 다음의 자료와 명함을 제공하여 주시길 바랍니다.

심화학습

❶ 连一连

1) 单位   2) 客房   3) 酒店   4) 备注   5) 客厅

❷ 选一选

1) 小卖部   2) 酒店   3) 客房服务   4) 单位   5) 客厅   6) 意见书   7) 入住, 离店
8) 评价   9) 前厅   10) 行李

Step 5주 • 1강

明信片

학습목표 여행을 가서 중국어로 엽서(明信片) 보내는 법을 배워봅니다. 또 자신의 경험을 되살려 실제로 중국어로 작성해봅니다.

학습내용

1. 학습하기

❶ 한국어로 옮겨보며 형식 파악하기
  明信片 1 - 韩译
❷ 중국 明信片에 관하여
❸ 문장 격식 익히기 - 축원의 글(祝愿用语)
            - 칭호(称呼)와 서명(署名)
❹ 한국어 문장을 중국어로 옮기기
  明信片 2 - 中译

2. 심화학습

1 학습하기

❶ 한국어로 옮겨보며 형식 파악하기

단어

- 近来 [jìn lái] 튀 최근에
- 真是 [zhēn shì] 튀 그야말로
- 美极了 [měi jí le] 매우 아름답다
- 藕粉 [ǒu fěn] 명 연뿌리(에서 얻은) 전분
- 据说 [jù shuō] 동 듣건대 … 라고 한다
- 先 … 然后 … [xiān…rán hòu] 먼저…하고, 나중에…하다
- 照相 [zhào xiàng] 동 사진을 찍다
- 旅游 [lǚyóu] 동 여행을 하다
- 游览 [yóu lǎn] 동 유람하다
- 见闻 [jiàn wén] 명 견문
- 特产 [tè chǎn] 명 특산품

▶ 明信片 1 – 韩译

冰冰:
　　近來好吗? 这次杭州旅游真是快活极了。我们十五日到杭州，第二天上午，游览了西湖。西湖是杭州最美的地方。我们坐船来到湖中的一个小岛，那里的風景美极了。在那里我们照了很多相。还在那里吃了藕粉， 据说是西湖的特产。下午先游览了几个地方， 然后又去了市中心。我发现这里的一切非常美。这次旅遊的时间过得太快了，回北京后再给你谈谈这次旅游的见闻。
　　祝好!

　　　　　　　　　　　　　　　　　　　　　　　　　　　美兰
　　　　　　　　　　　　　　　　　　　　　　　　　　　5.18

寄: 清华大学中文系 冰冰

❷ 중국 明信片에 관하여

올림픽 기념엽서

엽서 작성법

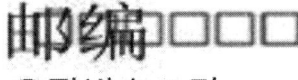
우편번호쓰기   우표 붙이기

받는이 주소쓰기

보내는이 주소쓰기
보내는 날짜쓰기

엽서 작성하기

❸ 문장 격식 익히기

축원의 글(祝愿用语)

대상		축원의 글(祝愿用语)
웃어른	祝	健康, 安好(편안하다), 全家平安
동료 혹은 동년배	祝(您)	계절에 따라: 春安, 夏安, 秋安, 冬安
		学安(학문하는 사람에게) 教安(선생님께) 编安(출판업)
		工作顺利(사업), 学习进步(학습), 身体健康(건강) 生活愉快(생활), 万事如意(만사형통) 新年快乐, 恭贺新禧(신년 인사)
회사 등 기관	此致 谨祝	敬礼(삼가 예를 올립니다) 贵公司繁荣昌盛(번영과 창성을 축원합니다)

칭호(称呼)와 서명(署名)

대상	称呼	自称	敬语
집안의 웃어른	祖父, 爷爷, 祖母, 奶奶	儿/女儿○○ 孙/孙女○○	谨上,敬启, 敬上 (삼가 아룁니다)
선생님	○○○老师, ○老师	学生○○○ 您的学生○○○	
회사, 기관 상관	○○○先生/ 女士 ○○○校长/ 经理/ 教授	자신의 이름	
동료, 동년배	○○兄, ○○姐 大哥, 二姐, 三妹, 弟弟 상대방의 이름, ○○同学 小张, 老李(가까운 사이)	兄○○, 妹○○ 侄○○, 友○○ 자신의 이름	사용 않음

❹ 한국어 문장을 중국어로 옮기기

▶ 明信片 2 - 中译

> 사랑하는 美兰에게
> 안녕! 오랫동안 편지를 못 썼구나.
> 요즘 잘 지내니? 이번 서울 여행은 정말 재미있어. 우리는 22일에 서울에 도착해서 이튿날 경복궁을 관람했어. 경복궁은 한국 최대의 궁전이야. 거기서 우리는 많은 사진을 찍고, 기념품도 좀 샀어. 오후에는 먼저 남대문을 관람하고, 다시 남대문 시장으로 갔어. 듣자니 남대문 시장은 국내에서 가장 번화하고 가장 큰 전통 시장이래. 서울은 역사문화로 유명한 도시면서, 독특한 기운이 가득한 현대화 상업 도시야. 난 벌써 이 도시가 좋아졌단다.
> 자, 내가 북경에 돌아가서 너에게 이번 여행에서 보고 들은 것을 이야기 해 줄게.
>
> 9.24
> 친구 冰冰

단어

□ 궁전	皇宫 [huáng gōng]
□ 사진을 찍다	照相 [zhào xiàng]
□ 기념품	纪念品 [jì niàn pǐn]
□ 번화하다	繁华 [fán huá]
□ 전통 시장	传统市场 [chuán tǒng shì chǎng]
□ (건물이나 산, 도시 등의) 양사	座 [zuò]
□ 가득하다	充满 [chōng mǎn]
□ 독특하다	独特 [dú tè]
□ 숨결, 기운	气息 [qì xī]
□ 현대화	现代化 [xiàn dài huà]
□ 도시	城市 [chéng shì]
□ 좋아하게 되다	喜欢上 [xǐ huān shang]

문장 익히기

※ 다음 문장을 중국어로 옮겨보세요.

1) 사랑하는 미란에게
→ _____

2) 안녕! 오랫동안 편지를 못 썼구나. 요즘 잘 지내니?
→ _____

3) 이번 서울 여행은 정말 재미있어.
→ _____

4) 우리는 22일에 서울에 도착해서 이튿날 경복궁을 유람했어.
→ _____

5) 경복궁은 한국 최대의 궁전이야.
→ _____

6) 거기서 우리는 많은 사진을 찍고, 거기서 기념품도 좀 샀어.
→ _____

7) 오후에는 먼저 남대문을 유람하고, 다시 남대문 시장으로 갔어.
→ _____

8) 듣자니 남대문 시장은 국내에서 가장 오래되고 가장 큰 전통 시장이래.
→ _____

9) 서울은 역사문화로 유명한 도시면서, 독특한 분위기로 충만한 현대화 상업 도시야.
→ _____

10) 난 벌써 이 도시가 좋아졌단다.
→ _____

11) 자, 내가 북경에 돌아가서 너에게 이번 여행에서 보고 들은 것을 이야기 해 줄게.
→ _____

12) 건강하고 즐겁게 지내길 바래.
→ _____

13) 친구 冰冰이
→ _____

2 심화학습

단어

- 과자　饼干 [bǐng gān]
- 과일　水果 [shuǐ guǒ]
- 옛 친구　老朋友 [lǎo péng yǒu]
- 곡　首 [shǒu]
- 명승고적　名胜古迹 [míng shèng gǔ jì]

1. 정도보어

동사나 형용사 뒤에서 동작 또는 사물이 도달하는 정도를 설명하는 보어이다. 정도 보어와 동사, 형용사 사이에는 '过得太快了'와 같이 구조조사 得을 사용해야 한다. 또한 형용사 술어 뒤에 '…极了'를 더해 '快活极了'로 사용할 수 있으며 정도가 심함을 나타낸다. 이때 구조조사 '得'는 사용하지 않는다.

1) 그는 매우 빨리 걷는다.
→ _____

2) 공원의 풍경이 매우 아름답다.
→ _____

3) 그는 매일 저녁 아주 늦게 잔다.
→ _____

4) 여기 과일은 아주 맛있다.
→ _____

2. … 还 …

수량이나 항목이 증가하거나 범위가 확대되는 것을 나타내어, '또, 더, 이외에도 더'라는 의미를 나타낸다.

1) 우리는 장성을 참관하고, 그 밖에 이화원도 유람했다.
   → _____

2) 우리는 과일을 좀 사고, 그 외에 과자를 좀 샀다.
   → _____

3) 그는 중국 노래를 한 곡 부르고, 그 밖에 일본 노래도 한 곡 불렀다.
   → _____

3. 先…然后再(又)

동작의 앞 뒤 순서를 나타낸다. '再'는 동작이 아직 발생하지 않음을 나타내고, '又'는 이미 동작이 발생했음을 나타낸다.

1) 우리는 먼저 상해로 갔다가 다시 항주로 간다.
   → _____

2) 우리는 먼저 계림의 명승고적을 유람하고, 다시 배를 타고 丽江을 유람했다.
   → _____

3) 그는 먼저 기차역으로 옛 친구를 마중 나갔다가, 다시 회사로 가 회의에 참석하기로 했다.
   → _____

5주 · 1강

> 학습하기

❶ 한국어로 옮겨보며 형식 파악하기

▷ 明信片 1 - 韩译

冰冰에게
　　요즘 잘 지내니? 이번에 항주를 여행하는데 정말 즐거웠어. 우리는 15일 항주에 도착해서 다음날 오전에 서호를 유람했어. 서호는 항주에서 가장 아름다운 곳이야. 우리는 배를 타고 호수 가운데 작은 섬으로 갔는데, 그곳 풍경이 너무 아름다워. 거기서 우리는 많은 사진을 찍었어. 또 거기서 연뿌리 전분도 먹었는데, 듣자니 서호의 특산품이라고 하더라. 오후에는 먼저 몇 군데를 유람하고, 다음에 다시 시내 중심가로 갔는데, 이곳의 모든 것이 정말 아름답다는 것을 알았어. 이번 여행은 시간이 정말 빨리 간다. 북경에 돌아가서 이번 여행에서 보고 들은 것을 이야기 해 줄께. 잘 지내!

　　　　　　　　　　　　　　　　　　　　　　　　　　　5.18
　　　　　　　　　　　　　　　　　　　　　　　　친구 미란이가

받는 사람: 청화대학 중문과 冰冰

❹ 한국어 문장을 중국어로 옮기기

🔵 문장 익히기

1) 亲爱的美兰
2) 你好! 好久没给你写信了。最近好吗?
3) 这次首尔旅游真是太有意思了。

4) 我们二十二日到首尔,第二天上午,游览了景福宫。
5) 景福宫是韩国最大的皇宫。
6) 在那里我们照了很多相,还买了一些纪念品。
7) 下午先游览了南大门,然后又去了南大门市场。
8) 据说南大门市场是国内最繁华、最大的传统市场。
9) 首尔是一座历史文化名城,也是一座充满独特气息的现代化商业城市。
10) 我已经喜欢上这个城市了。
11) 好了,我回北京后再给你谈谈这次旅游的见闻吧。
12) 祝你健康快乐!
13) 友 冰冰

완성문

亲爱的美兰:

　　你好! 好久没给你写信了。最近好吗? 这次首尔旅游真是太有意思了。我们二十二日到首尔,第二天上午,游览了景福宫。景福宫是韩国最大的皇宫。在那里我们照了很多相,还买了一些纪念品。下午先游览了南大门,然后又去了南大门市场。据说南大门市场是国内最繁华、最大的传统市场。首尔是一座历史文化名城,也是一座充满独特气息的现代化商业城市。我已经喜欢上这个城市了。好了,我回北京后再给你谈谈这次旅游的见闻吧。

　　祝你健康快乐!

友 冰冰
9.24

심화학습

1. 정도보어

1) 他走得很快。
2) 公园的风景美极了。
3) 他每日晚上睡得很晚。
4) 这里的水果好吃极了。

2. … 还 …

1) 我们参观了长城，还游览了颐和园。
2) 我们买了一些水果，还买了一些饼干。
3) 他唱了一首中国歌，还唱了一首日本歌。

3. 先…然后再(又)

1) 我们先去上海，然后再去杭州。
2) 我们先游览了桂林的名胜古迹，然后又坐船游览了丽江。
3) 他先到火车站去接老朋友，然后再回公司参加会议。

Step

5주 • 2강

여행일정표, 기차표

학습목표 중국어로 작성된 여행 일정표를 읽어보고, 관련 표현들을 익히고 실제로 중국으로 여행을 간다고 생각하고 여행일정표를 작성해 봅니다.

학습내용

1. 학습하기

❶ 여행 일정표 1 - 首尔周末三日游
❷ 여행 일정표 2 - 北京3晚4天线路
❸ 기차표 읽어보기

2. 심화학습

❶ 连一连
❷ 选一选
❸ 기차표 읽어보기

1 학습하기

❶ 여행 일정표 1 - 首尔周末三日游

🔵 단어 익히기

- 抵 [dǐ] 동 도착하다
- 购物 [gòu wù] 동 물건을 사다
- 公卖局 [gōng mài jú] 명 전매청
- 加工厂 [jiā gōng chǎng] 명 가공 공장
- 华克山庄 [Huá kè shān zhuāng] 명 SHERATON WALKER-HILL
- 旅程 [lǚ chéng] 명 일정
- 导游 [dǎo yóu] 명 가이드
- 门票 [mén piào] 명 입장권
- 小费 [xiǎ ofèi] 명 팁
- 咨询 [zī xún] 동 문의
- 热线电话 [rè xiàn diàn huà] 명 직통 전화

首尔周末三日游 -　　　出团日期：10月1、2、3、4日

第一天　　北京— 首尔：　北京出发，抵 首尔 ，游览乐天世界或爱宝乐园，宿四星级酒店

第二天　　首尔

景福宫、青瓦台、世界杯足球场，首尔购物（人参公卖局、紫水晶加工厂、南大门、明　洞等)，晚餐后参观华克山庄。宿四星级酒店

第三天　　首尔 —北京

仁川国际机场出发，抵北京，结束愉快的旅程

报价：4680元/人

标准：韩国全程四星级以上标准/房间2人1间/1日3餐/全程华语导游；

包含国际及境外交通费/机场税/门票/团体签证费/旅行社责任险；

不含护照费/国内交通费/个人消费/小费（参考：30元/人天)；

以上行程随出发日期有可能变动，请以最终出团通知行程为准

所需资料：五年因私护照、二寸免冠照片两张、单位在职证明、身份证复印件

　　旅咨询电话:66022880、66022881　　24小时服务热线：86219456

❷ 여행 일정표 2 - 北京3晚4天线路

🔵 단어 익히기

- 自理 [zìlǐ] 동 개인 부담
- 车游 [chē yóu] 동 드라이브
- 夜市 [yè shì] 명 야시장
- 空调 [kōng tiáo] 명 에어컨
- 调价 [tiáo jià] 가격 조정
- 大巴 [dà bā] 명 대형 버스
- 站台 [zhàn tái] 명 승강장, 플랫폼

- 果脯 [guǒ fǔ] 명 과일절임
- 品尝 [pǐn cháng] 동 맛보다
- 独卫 [dú wèi] 명 개인 화장실
- 彩电 [cǎi diàn] 명 칼라 TV
- 差价 [chà jià] 명 모자라는 금액
- 停靠站 [tíng kào zhàn] 명 근처 정류장
- 接站牌 [jiē zhàn pái] 명 피켓 마중

北京3晚4天线路 　　出团日期：每周五

周五　　广场、纪念堂、故宫、景山、菖蒲河公园、平安大街、恭王府 (自理), 观降旗。含午、晚餐

周六　　长陵、果脯厂、八达岭长城、玉器城或博览城。含早、午、晚餐

周日　　颐和园、香山、车游世纪坛外景及电视塔外景、水晶馆、海底世界 (自理)、品尝北京烤鸭。含早、午、晚餐

周一　　天坛（不含祈年殿）、珐琅厂、皇城根遗址公园、奥运村外景、东华门夜市、王府井（晚餐自理）。

价格：　　1500元/人

接待标准及接站方式：准2星酒店票准双人间（独卫、空调、彩电）、国产空调车、含3-4个早餐、7正餐，首道门票（如遇国家临时调价，差价由客人现付）、导游、火车站及民航大巴停靠站接

接站地点：飞机-民航大巴北京站口停靠站；火车-北京站东出口、西客站进站台接

接站标记：我社导游举绿色"休闲假期"接站牌（写客人姓名）。

❸ 기차표 읽어보기

단어 익히기

- 次 [cì] 몡 차량 등의 발차 순서
- 上铺 [shàng pù] 몡 위층 침대 ↔ 下铺
- 空调 [kōng tiào] 몡 에어컨
- 软座 [ruǎn zuò] 몡 부드러운 좌석
- 卧 [wò] 몡 침대
- 开 [kāi] 동 출발하다
- 全价 [quán jià] 몡 전체 가격
- 硬座 [yìng zuò] 몡 딱딱한 좌석
- 特快 [tè kuài] 몡 특급 쾌속

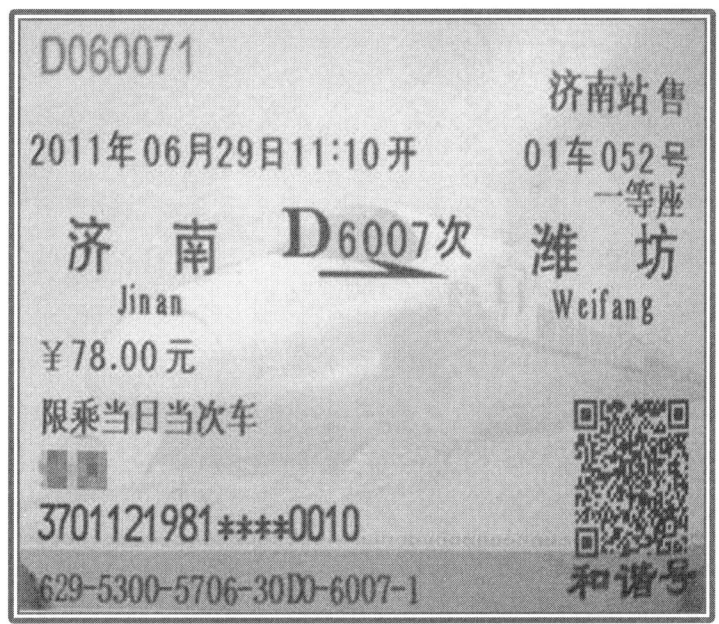

2 심화학습

❶ 连一连

1) 不用信封就可以直接投寄的载有信息的卡片
2) 某地或某国特有的或著名的产物
3) 见到和听到的事
4) 世代相传的精神、制度、风俗、艺术等
5) 从容地到各处参观、欣赏名胜、风景等

- 传统
- 游览
- 明信片
- 见闻
- 特产

❷ 选一选

1) ____, 她的身体怎么样？ 최근 그녀의 건강은 어떻습니까?
2) 今天我要去照相馆____。 오늘 나는 사진관에 가서 사진을 찍을 거다.
3) 我们常去香港____。 우리는 자주 홍콩에 가서 쇼핑을 한다.
4) 奥运会棒球赛____很快售完了。 올림픽 야구 경기의 입장권이 금방 다 팔렸다.
5) 电信公司开通了____服务。 전신회사에서 핫라인 서비스를 개통하였다.
6) 寄信和寄____, 哪个便宜？ 편지와 엽서 중에 어느 것이 더 쌉니까?
7) 春季是____旺季。 봄철은 여행 성수기다.
8) 天气太热了，快打开____吧。 날씨가 무척 더우니 빨리 에어컨을 틀어라.
9) 我希望能找个人帮我____杭州。 저는 저를 도와 항주를 안내할 사람을 한 분 찾았으면 해요.
10) 祝您____一路平安。 당신의 여정이 평안하길 바랍니다.

旅游 照相 购物 旅程 近来 导游 热线 空调 门票 明信片

❷ 여행 일정표 짜기

※ 수업 내용을 참고로 하여 베이징이나 중국 기타 지방의 여행 일정표를 작성해보세요.

时间		地点	具体安排	特色
第一天	上午			
	下午			
第二天	上午			
	下午			
第三天	上午			
	下午			
第四天	上午			
	下午			
第五天	上午			

학습하기

❶ 여행 일정표 1 - 首尔周末三日游

> **서울 주말 3일 여행**　　**출발날짜: 10月1,2,3,4日**
>
> 1일　북경 - 서울
> 　　　북경을 출발해 서울 도착, 롯데월드와 에버랜드를 유람하고, 4성급 호텔에 투숙
> 2일　서울
> 　　　경복궁, 청와대, 월드컵 축구 경기장, 서울 쇼핑(인삼전매청, 자수정 가공 공장, 남대문, 명동 등) 저녁 식사 후 쉐라톤 워커힐 참관. 4성급 호텔에 투숙
> 3일　서울 - 북경
> 　　　인천국제 공항 출발, 북경 도착, 즐거운 일정을 마침
>
> 전체 비용: 4680元/1인
> 표준: 한국 전 여행 코스에 4성급 이상의 표준 반 2인 1실, 1일 3식, 전 일정에서 중국어 가이드
> 국제 및 고속도로비, 공항료, 입장권, 단체비자수수료, 여행사 책임보험을 포함함.
> 여권수수료, 국내교통비, 개인 소비, 가이드 팁은 제외 (참고: 1일 1인 30元)
> 이상 일정은 수시로 변동될 수 있으니, 최종 출발 안내 일정을 기준으로 하십시오.
> 필요한 자료: 5년 일반 여권, 명함판 탈모 사진 2장, 재직증명서, 신분증 복사본
> 　여행 문의전화: 66022880、66022881　24시간 직통전화: 86219456

5주·2강

❷ 여행 일정표 2 - 北京3晚4天线路

베이징 3박4일 코스 - 출발 날짜: 매주   금요일

금요일 천안문 광장, 모주석 기념당, 고궁, 경산, 창포하 공원, 평안대로, 공왕부 (개인 부담), 국기하강식 관람, 점심, 저녁 식사 포함

토요일 장릉, 과일절임공장, 팔달령 장성, 玉器城 또는 博览城,1일 3식 포함

일요일 이화원, 향산, 중화세기단과 TV타워를 드라이브로 외경 관람. 수정관, 해저 세계(개인부담). 북경오리구이 시식. 1일 3식 포함

월요일 천단(기년전 제외), 법랑공장, 황성근 유지공원, 올림픽촌 외경, 동화문 야시장, 왕부정 (저녁 식사는   개인부담)

가격 : 1500元/ 1인

픽업 표준 및 픽업 방식 : 반드시 2성급 호텔의 2인용 실(개인 화장실, 에어컨, 칼라 TV), 국산 냉방차, 3-4번의 조식과 7번의 정식, 정문 입장료(국가 임시 가격 조정 시에는 차액은 각자 현금 지불), 가이드, 기차역 및 민항 버스 근처 정류장에서 픽업

픽업 지점 : 비행기 - 민항버스 베이징역 근처 정류장,
          기차 - 베이징역 동쪽 출구, 베이징 서역 플랫폼에서 픽업

픽업 표기 : 본 여행사 가이드가 녹색 "휴식과 휴가"피켓을 들고 있음(손님 성함이 쓰여 있음)

5주·2강

심화학습

❶ 连一连

1) 明信片 2) 特产 3) 见闻 4) 传统 5) 游览

❷ 选一选

1) 近来 2) 照相 3) 购物 4) 门票 5) 热线 6) 明信片 7) 旅游 8) 空调 9) 导游 10) 旅程

Step

6주 • 1강

个人简历表

학습목표 중국어로 개인이력서(个人简历表) 작성하는 법을 배워 간단하게 자신의 경력을 중국어로 표현해봅니다.

학습내용

1. 학습하기

❶ 한국어로 옮겨보며 형식 파악하기
   个人简历表 1 - 韩译
   个人简历表 2 - 韩译
❷ 个人简历表 작성법
❸ 한국어 문장을 중국어로 옮기기
   个人简历表 3 - 中译

2. 심화학습

❶ 문장 만들기
❷ 구어체 표현을 ( )의 단어를 이용해 문어체로 바꾸기

1 학습하기

❶ 한국어로 옮겨보며 형식 파악하기

단어

- 简历 [jiǎn lì] 명 약력 참고) 履历表 [lǚ lì biǎo]
- 于 [yú] 개 …에, …에서, 시간, 장소, 범위 등을 나타내며, '在'의 뜻을 지님.
- 毕业 [bì yè] 동 졸업하다
- 获得 [huò dé] 동 획득하다
- 学士 [xué shì] 명 학사
- 学位 [xué wèi] 명 학위
- 就读 [jiù dú] 동 (학교에서) 공부하다 참고) 攻读 [gōng dú]
- 至今 [zhì jīn] 동 오늘에 이르다
- 从事 [cóng shì] 동 일에 종사하다
- 曾 [céng] 부 일찌기
- 优秀 [yōu xiù] 형 우수하다
- 奖学金 [jiǎng xué jīn] 명 장학금

◘ 个人简历表 1 – 韩译

个人简历

姓　　名	王水华		性　别	男
出生时间及地点		1982年 7月 19日　　出生于 上海		
本人学习 及 工作简历	2006年毕业于上海师范大学中文系，获得文学学士学位。 2006年9月就读于南京大学中文系，学习现代汉语专业 2010年毕业，获得文学硕士学位。 2010年至今在南京第一中学从事教育工作。 大学期间，曾获得过优秀学生奖学金。			

◘ 个人简历表 2 – 韩译

🔵 단어

- 法国 [Fǎ guó] 몡 프랑스
- 巴黎 [Bā lí] 몡 파리
- 国籍 [guó jí] 몡 국적
- 性别 [xìng bié] 몡 성별
- 婚姻 [hūn yīn] 몡 결혼
- 状况 [zhuàng kuàng] 몡 상황
- 已婚 [yǐ hūn] 몡 기혼 참고) 未婚 [wèi hūn], 试婚 [shì hūn]
- 宗教 [zōng jiào] 몡 종교
- 天主教 [Tiān zhǔ jiào] 몡 천주교

　참고) 佛教 [Fó jiào]/ 基督教 [Jī dū jiào]/ 回教 [Huí jiào]

- 背景 [bèi jǐng] 몡 배경
- 职业 [zhí yè] 몡 직업
- 学院 [xué yuàn] 몡 단과대학　참고) 专科 [zhuān kē] 전문대학
- 任教 [rèn jiào] 동 교편을 맡다

个人简历表

姓 名 Name	朱爱丽		
出生时间及地点 Date Place of birth	1978年9月出生于法国巴黎		
国 籍 Nationality	法国	性 别 Sex	女
婚姻状况 Marital status	已 婚 (未 婚)	宗 教 Religion	天主教/ 佛教 基督教/ 回教
教育背景 (文化程度/ 学历) Educational background	大 学	职 业 Occupation	学 生
本人学习 及 工作简历	1997年 毕业于法国高等师范学院中文系, 获文学学士学位。 1997-2001年在里昂第一小学从事小学教育工作。 2001-2004年, 在北京大学国际政治系攻读国际政治专业, 获硕士学位。 2004年起, 在法国高等师范学院任教, 教授现代汉语。		

❷ 个人简历表 작성법

중국어로 자신의 간략한 이력이나 인물을 소개할 때, 일반적으로 다음의 내용들을 포함합니다.

1) 성명(姓名)
2) 성별(性別)
3) 국적/ 관적(国籍/ 籍贯)
4) 출생/ 생졸년월(出生 /生死年月)
5) 학력과 근무 경력(学习和工作经历)
6) 주요성과 또는 특기(主要成就或特长)
7) 중국인인 경우: 民族, 政治面貌

* 약력은 목적에 따라 다르게 씌어짐에 주의합니다. 일반적인 소개 성격의 약력과 직장을 찾기 위한 목적의 약력, 그리고 한 인물을 소개하는 내용의 약력 등이 있습니다.

❸ 한국어 문장을 중국어로 옮기기

▣ 个人简历表 3 - 中译

개인 약력			
이 름	이하나	성 별	여
1985년	한국 대구 출생		
2002년	한국 대구 여자고등학교 졸업		
2006년	한국 천하 대학교 컴퓨터학과에 입학, 컴퓨터 전공으로 학사학위 취득		
2006년 - 2008년	한국 천하 대학교에서 경제학 전공으로 경제학 석사학위 취득		
2008년 - 2011년	은행에서 컴퓨터 관리 업무에 종사		
2011년	중국으로 유학, 상해대학 유학생부에서 대외한어 전공함.		
	중국어는 신HSK 6급을 통과했고, 듣기, 말하기, 읽기, 쓰기, 번역 능력을 갖추고 있음		

단어

- □ 고등학교   高中学校 [gāo zhōng xué xiào]
- □ 입학   入学 [rù xué]
- □ 컴퓨터   计算机专业 [jì suàn jī zhuān yè]
- □ 경제학   经济学 [jīng jì xué]
- □ 은행   银行 [yín háng]
- □ 관리 업무 管理 工作 [guǎn lǐ gōng zuò]
- □ 대외한어 对外汉语 [duì wài Hàn yǔ]
- □ 통과하다 通过 [tōng guò]
- □ 급   级 [jí]
- □ 갖추다   具有 [jù yǒu]

문장 익히기

※ 다음 문장을 중국어로 옮겨보세요.

1) 개인 약력
→ _____

2) 이하나, 여, 1985년 한국 대구 출생
→ _____

3) 2002년 한국 대구 여자고등학교 졸업
→ _____

4) 2006년 한국천하대학 컴퓨터학과에 입학
→ _____

5) 컴퓨터 전공으로 학사학위 취득
→ _____

6) 2006년 - 2008년 한국 천하대학에서 경제학 전공으로 경제학 석사학위 취득
→ _____

7) 2008년 - 2011년 은행에서 컴퓨터 관리 업무에 종사
→ _____

8) 2011년 중국으로 유학, 상해대학 유학생부에서 대외한어 전공함.
→ _____

9) 중국어는 신HSK 6급을 통과했고, 듣기, 말하기, 읽기, 쓰기, 번역 능력을 갖추고 있음.
→ _____

2 심화학습

❶ 문장 만들기

- 卒 [zú] 명 사망하다
- 大韩民国 [Dà hán mín guó] 명 대한민국
- 业务 [yèwù] 명 업무
- 三星集团 [Sān xīng jí tuán] 명 삼성그룹
- 电子 [diàn zǐ] 명 전자
- 对外汉语 [duì wài Hàn yǔ] 명 대외 한어

1. 生/卒/就读/毕业 于 + 처소사/시간사

1) 주은래는 1898년에 태어나 1976년에 사망했다.
→ _____

2) 그는 1982년 대한민국 서울에서 태어났다.
→ _____

2. 在…从事…工作/业务

　　1) 그는 졸업 후 삼성그룹에서 전자 분야에서 일한다.
　　→ _____

　　2) 그는 사범대학에서 대외한어 교학 분야에서 일한다.
　　→ _____

❷ 구어체 표현을 ( )의 단어를 이용해 문어체로 바꾸기

　　1) 1998年他从南京大学毕业了。(毕业于)
　　→ _____

　　2) 我1982年在出生。(出生于)
　　→ _____

　　3) 爸爸大学卒业以后搞(gǎo:일하다)研究工作。(从事…工作)
　　→ _____

　　4) 阿里能用汉语听、说、读、写。(具有…能力)
　　→ _____

　　5) 1974-1979年我在东京大学中文系学习中国文学。(就读于)
　　→ _____

6주 · 1강

학습하기

❶ 한국어로 옮겨보며 형식 파악하기

▷ 个人简历表 1 - 韩译

개인 약력

이 름	王水华		성 별	男
출생시간 및 장소		1982年 7月 19日 상하이 출생		
본인의 학력 및 근무경력	2006년 상해 사범대학 중문과 졸업, 문학 학사 학위 획득 2006년 9월 남경대학 중문과에서 공부하면서, 현대 한어 전공으로 2010년 졸업, 문학 석사학위 획득 2010년부터 현재까지 南京 第一中学에서 교육 분야에 종사하고 있음. 대학 재학 중, 우수학생 장학금 수상함.			

❸ 한국어 문장을 중국어로 옮기기

▷ 个人简历表 3 - 中译

1) 个人简历表
2) 李河娜, 女, 1985年出生于韩国大邱。
3) 2002年毕业于韩国大邱女子高中学校。
4) 2006年入学于韩国天下大学计算机系。
5) 学习计算机专业, 获得学士学位。
6) 2006年 - 2008年韩国天下大学学习经济学专业, 获得经济学硕士学位。
7) 2008年 - 2011年 银行 在银行从事计算机管理工作。
8) 2011年到中国留学,在上海大学留学生部学习对外汉语专业。
9) 汉语通过新HSK六级, 具有听、说、读、写、译的能力。

6주 · 1강

심화학습

❶ 문장 만들기

1. 生/卒/就读/毕业 于 + 처소사/시간사

   1) 周恩来生于1898年，卒于1979年。
   2) 他1982年出生于大韩民国首尔。

2. 在…从事…工作/业务

   1) 他毕业后在三星集团从事电子工作。
   2) 他在师范大学从事对外汉语教学工作。

❷ 구어체 표현을 ( )의 단어를 이용해 문어체로 바꾸기

   1) 他1998年毕业于南京大学。
   2) 我1982年出生于北京。
   3) 爸爸大学毕业以后从事研究工作。
   4) 阿里具有汉语听、说、读、写的能力。
   5) 我1974-1979年就读于东京大学中文系，学习中国文学。

Step 6주 • 2강

명함, 졸업장

학습목표 중국어 개인이력서(个人简历表)와 명함(名片)과 졸업증서(毕业证书) 등에 관련한 표현들을 배워보고 개인 이력서를 작성해봅니다.

학습내용

1. **학습하기**
   ❶ 个人简历表
   ❷ 名片 - 记者, 项目经理, 教授
   ❸ 毕业证书

2. **심화학습**
   ❶ 连一连
   ❷ 选一选
   ❸ 个人简历表 작성하기

1 학습하기

❶ 个人简历表

🔵 단어 익히기

- 档案 [dàng àn] 명 국가나 회사에서 보관하는 공문서
- 原名 [yuán míng] 명 본명
- 考进 [kǎo jìn] 동 시험을 거쳐 입학하다
- 抱打不平 [bào dǎ bù píng] 성 부당하게 취급당하는 약자의 편을 들다
- 勒令 [lèlìng] 동 명령하여 강제로 …하게 하다
- 任 [rèn] 동 (직위, 일 등을) 맡다   참고) 任教/ 任命/ 任职/ 任课
- 派往… [pài wǎng] 동 … 로 파견가다
- 武侠 [wǔ xiá] 명 무협
- 编辑 [biān jí] 명 편집
- 地址 [dì zhǐ] 명 주소
- 邮编 [yóu biān] 명 우편 번호 = 邮政编码 [yóu zhèng biān mǎ]
- 总经理 [zǒng jīng lǐ] 명 최고 책임자.
- 有限公司 [yǒu xiàn gōng sī] 명 주식 회사
- 营业部 [yíng yè bù] 명 영업부
- 传真 [chuán zhēn] 명 팩스

金庸小档案

金庸, 原名查良镛, 1924年2月6日浙江海宁县出生。

1944年, 考进中央政治学校外交係, 因「抱打不平」被勒令退学。

1946年, 进上海≪大公报≫任国际电讯翻译。

1948年, 被派往香港≪大公报≫工作。

1949年, 到≪新晚报≫当编辑。

1955年, 創作第一部武侠小说≪书剑恩仇录≫; 及后兩年, 完成≪碧血剑≫、≪雪山飞狐≫、≪射鵰英雄传≫。

1961年至1970年 完成另外十部武侠小说。

1999年起, 任浙江大学人文学院院长。

❷ 名片

▸ 名片 – 记者

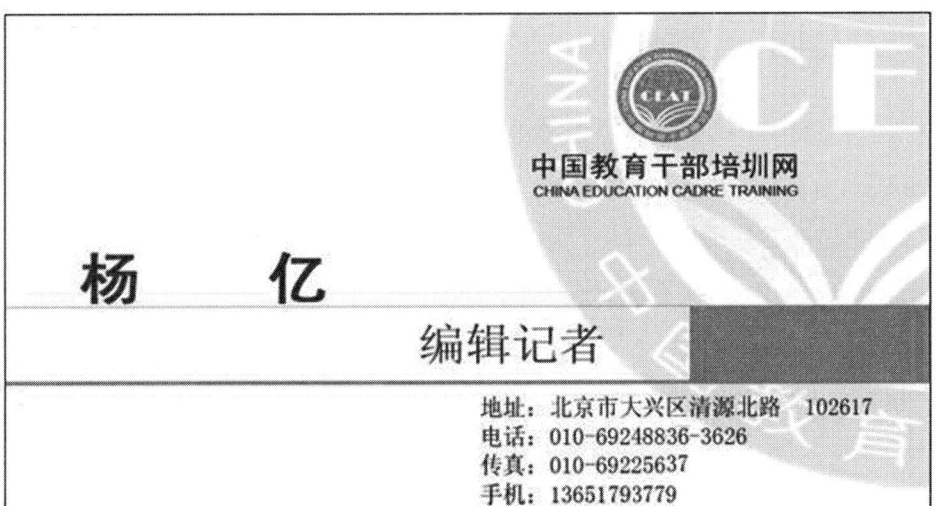

▶ 名片 - 项目经理

단어 익히기

- 艺术 [yì shù] ⑲ 예술
- 副院长 [fù yuàn zhǎng] ⑲ 부원장
- 教授 [jiào shòu] ⑲ 교수
- 汉画 [Hàn huà] ⑲ 중국 국화
- 戏曲 [xì qǔ] ⑲ 중국 전통극
- 主编 [zhǔ biān] ⑲ 편집장
- 住宅 [zhù zhái] ⑲ 주택
- 炎黄 [Yán Huáng] ⑲ 신화 속의 염제와 황제
- 语言文学 [yǔ yán wén xué] ⑲ 언어 문학
- 红楼梦 [Hóng lóu mèng] ⑲ 홍루몽
- 研究员 [yán jiū yuán] ⑲ 연구원
- 学刊 [xué kān] ⑲ 학술 간행지
- 办公 [bàn gōng] ⑧ 사무를 보다

■ 名片 - 教授

《紅樓夢學刊》主編
中國戲曲學會副會長
中國炎黃文化研究會副會長
中國漢畫學會會長
中國紅樓夢學會會長
中國人民大學語言文學系教授
中國藝術研究院副院長

單位地址：北京前海西街十七號
辦公電話：六〇二二二二
郵政編碼：一〇〇〇〇九
住宅：北京紅廟北里三號樓五門一〇一號
住宅電話：五〇一四八七六
郵政編碼：一〇〇〇二五二一一八四

❸ 毕业证书

🔵 단어 익히기

□ 样本 [yàng běn] 명 견본
□ 房地产 [fáng dì chǎn] 명 부동산
□ 计划 [jì huà] 명 계획하다
□ 课程 [kè chéng] 명 과정
□ 合格 [hé gé] 동 합격하다
□ 普通 [pǔ tōng] 명 보통
□ 高等学校 [gāo děng xué xiào] 명 고등 교육기관

□ 身分证 [shēn fen zhèng] 명 신분증
□ 该 [gāi] 대 이(앞에 언급된 사항)
□ 规定 [guī dìng] 동 규정하다
□ 成绩 [chéng jī] 명 성적
□ 准予 [zhǔn yǔ] 동 허가합니다.

- 印制 [yìn zhì] 동 인쇄 제작하다
- 编号 [biān hào] 명 일련번호
- 教学 [jiào xué] 명 수업, 교육
- 证书 [zhèng shū] 명 증서
- 修 [xiū] 동 학습하다

毕业证书 1

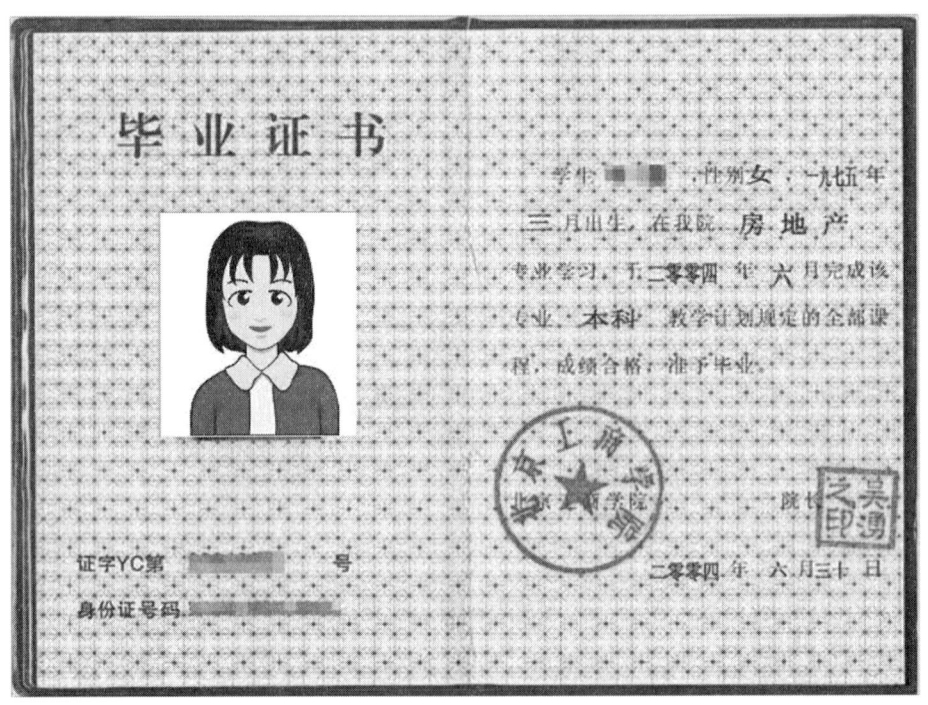

본문: 学生○○○, 性别 女, 一九七五年三月出生。
해석: 학생○○○, 성별 여, 1975년 3월 출생

在我院房地产专业学习, 二零零四年六月完成该专业,
위 학생은 본교 부동산 전공으로, 2004년 6월 본 전공을 마치고,

本科教学计划规定的全部课程, 成绩合格, 准予毕业。
본과의 교학 과정에서 규정한 전 과정에 합격하여, 이에 졸업장을 수여합니다.

毕业证书 2

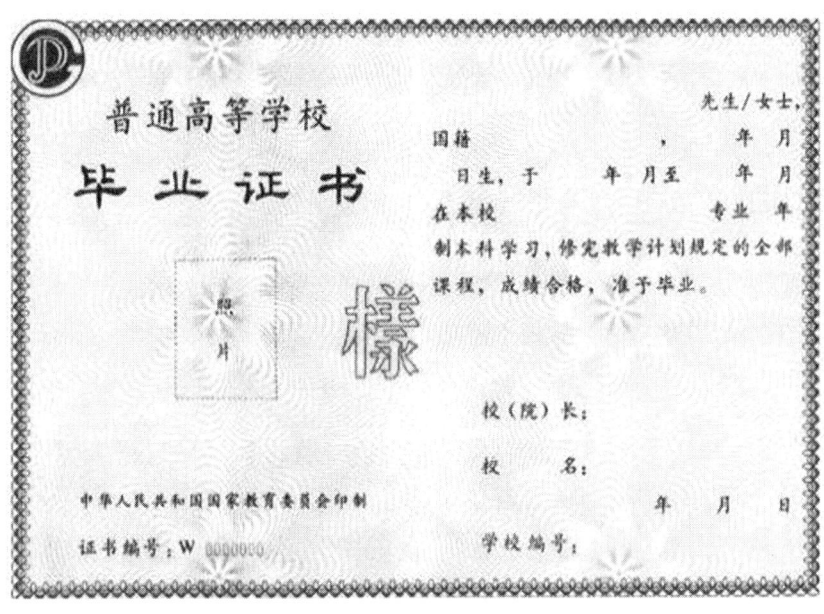

내용
普通高等学校

中华人民共和国 国家教育委员会 印制
证书编号:

_____ 先生/ 女士
国籍 _____, ___年, ___月 ___日生, 于 ___年 __月至 __年 __月
在本校 _____专业 ___年制本科学习, 修完教学计划规定的全部课程,
成绩合格, 准予毕业。

校(院)长:
校   名:
学校编号:

2 심화학습

❶ 连一连

1) 简要的个人履历
2) 学生在学校修业期满，达到规定要求，结束在校学习
3) 教育机构根据学生专业知识和技术水平而授予的称号
4) 给予学习成绩优良的学生的奖金
5) 男人和女人结为夫妻

- 毕业
- 学位
- 奖学金
- 简历
- 婚姻

❷ 选一选

1) 我明年就____了。　나는 내년에 졸업한다.
2) 恭喜你获得了____。　우승한 것을 축하한다.
3) 他____于第47中学。　그는 제47중학교에 다니고 있다.
4) 在韩国，大夫是收入相当高的____。　한국에서는 의사가 수입이 상당히 높은 직업이다.
5) 他____自然科学的研究。　그는 자연 과학 연구에 종사한다.
6) 高中生如何申请____？　고등학생은 어떻게 장학금을 신청합니까?
7) 我的____是大韩民国。　나의 국적은 대한민국이다.
8) ____自由受到法律的保护。　종교의 자유는 법률의 보호를 받는다.
9) 这些照片的____都很好。　이 사진들의 배경이 모두 좋다.
10) 你的____董事长已经看过了。　당신의 이력서를 회장님께서 이미 보셨어요.

| 冠军　背景　从事　宗教　毕业　简历　国籍　职业　就读　奖学金 |

❸ 个人简历表 작성하기

姓　名 Name			
出生时间及地点 Date Place of birth		年　月　出生于	
国　籍 Nationality		性　别 Sex	
婚姻状况 Marital status		宗　教 Religion	
教育背景 Educational background		职　业 Occupation	
本人学习 及 工作简历			

학습하기

❶ 个人简历表

> 김용 개인 파일
>
> 김용, 본명 查良镛, 1924년 2월 6일 浙江성 海宁현 출생
> 1944년 중앙정치학교 외교학과 입학, 강제로 퇴학당함.
> 1946년 상해 ≪대공보≫에서 국제 전신 번역을 담당
> 1948년 홍콩≪대공보≫로 파견되어 근무
> 1949년 ≪신만보≫에서 편집 담당
> 1955년 첫 번째 무협소설≪서검은구록≫을 창작하고, 2년 뒤 ≪벽혈검≫, ≪설산비고≫, ≪사조영웅전≫을 완성함
> 1961년에서 1970년, 다른 10부 무협소설을 완성함
> 1999년부터 절강대학 인문대학 원장 재임

6주·2강

심화학습

❶ 连一连

1) 简历　2) 毕业　3) 学位　4) 奖学金　5) 婚姻

❷ 选一选

1) 毕业　2) 冠军　3) 就读　4) 职业　5) 从事　6) 奖学金　7) 国籍　8) 宗教　9) 背景
10) 简历

Step 7주 · 1강

调查表

학습목표 중국어로 작성된 조사표(调查表)를 읽어 보고, 중국어로도 작성해봅니다. 조사표 양식과 관련 표현들을 배워봅니다.

학습내용

1. **학습하기**
   1. 한국어로 옮겨보며 형식 파악하기
      小调查 1 - 韩译
   2. 调查报告 작성법
   3. 한국어 문장을 중국어로 옮기기
      小调查 2 - 中译

2. **심화학습**
   1. 对…感兴趣/不感兴趣。
   2. 有的…, 有的…。

1 학습하기

❶ 한국어로 옮겨보며 형식 파악하기

🌐 단어

- 调查 [diào chá] 동 조사하다
  참고) 小调查: 소규모 조사, 问卷调查: 설문조사
- 锻炼 [duàn liàn] 동 단련하다
- 增长 [zēng zhǎng] 동 늘이다
- 知识 [zhī shì] 명 지식
- 没意思 [méi yì si] 동 재미없다
- 无所谓 [wú suǒ wèi] 상관없다
- 结果 [jié guǒ] 명 결과
- 表明 [biǎo míng] 동 표명하다
- 对… 感兴趣 [duì…gǎn xìng qù] …에 흥미를 가지다
- 有的… [yǒu de…] 어떤 것(사람)은 …하다
- 觉得 [jué de] 동 …라고 느끼다

◘ 小调查 1 - 韩译

你喜欢旅游吗?

　　　　　　　　你喜欢旅游吗?
　　　　　　　　(1) 很喜欢(10)
　　为什么?　　A. 锻炼身体(6)　　B. 增长知识(4)
　　　　　　　　(2) 不喜欢(6)
　　为什么?　　A. 没意思(3)　　B. 太累(3)
　　　　　　　　(3) 无所谓(8)

🗨 단어 익히기

※ 다음 문장을 해석해 보세요.

1) 你喜欢旅游吗? 调查结果表明:
→ _____

2) 10个人很喜欢旅游, 他们对旅游很感兴趣。
→ _____

3) 有的认为旅游可以锻炼身体, 有的认为旅游可以增强知识。
→ _____

4) 6个人不太喜欢旅游, 他们对旅游不感兴趣。
→ _____

5) 有的觉得旅游太累, 有的觉得旅游没意思。

　→ _____

6) 8个人对旅游无所谓。

　→ _____

❷ 调查报告 작성법

调查报告는 조사 결과를 연구한 보고서를 말합니다. 분명하고 간략한 문장으로 자신이 조사하고자 하는 사항들을 알기 쉽게 제시하고, 조사 결과를 바탕으로 조사 보고문을 작성합니다.

1) 제목(题目 tí mù)

　: 조사하고자 하는 사항을 총체적으로 나타냅니다.

　예) 关于(guān yú…에 관하여) 留学生阅读情况的调查

2) 본문(正文 zhèng wén)

　: 머리말, 본 내용과 마무리 글 세 부분으로 이루어집니다.

　① 머리말(前言 qián yán)

　　일반적으로 조사하는 시간, 범위, 대상 및 조사 방식을 소개합니다.

　　예) 对…进行(展开/做)了调查

　② 본 내용(主体 zhǔ tǐ)

　　조사 보고서의 중요 부분으로 조사를 분석하고 연구한 결과입니다.

　　예) 调查结果表明… / 调查中我们发现…

　③ 마무리 글(结尾 jié wěi)

　　전체 문장의 결론 부분으로 작성자의 관점을 제시하고, 건의하는 부분입니다.

　　예) 总的看来 …/ 我们得出这样的结论…

❸ 한국어 문장을 중국어로 옮기기

小调查 2 - 中译

당신은 황금 휴가를 어떻게 계획하십니까?

황금 휴가 기간이 곧 다가옵니다.
이번 휴가 기간을 당신은 어떻게 준비할 것이며, 무슨 계획을 가지고 있습니까? 우리 가가 여행사에서 특별히 진행하고 있는 작은 설문조사가 당신의 참여를 기다립니다.

1. 집을 떠나 여행을 가다(30)
2. 친척, 친구를 방문한다(8)
3. 쇼핑을 한다(5)
4. 서점이나 도서관에 간다(6)
5. 집에서 잠을 자거나 쉰다(19)
6. 기타(8)

🔵 단어

- 장차, 앞으로 将 [jiāng]
- 다가오다 将临 [jiāng lín] = 快到了
- 어떠한가 如何 [rú hé] = 怎么样
- 준비하다 安排 [ān pái]
- 계획하다 计划 [jì huà]
- 특별히 特地 [tè di]
- 기대하다 期望 [qī wàng] = 期待 [qī dài]
- 참여하다 参与 [cān yù] 참고) 参加 [cān jiā]
- 방문하다 探访 [tàn fǎng]
- 놀러 다니다 逛 [guàng] 참고) 逛街 [guàng jiē]
- 물건을 사다 购物 [gòu wù]
- 잠을 자다 睡觉 [shuì jiào]

단어 익히기

※ 다음 문장을 중국어로 옮겨보세요.

1) 당신은 황금 휴가를 어떻게 계획하십니까?
→ _____

2) 황금 휴가 기간이 곧 다가옵니다.
→ _____

3) 이번 휴가 기간을 당신은 어떻게 준비하시겠습니까?
→ _____

4) 당신은 무슨 계획을 가지고 있습니까?
→ _____

5) 우리 가가여행사에서 특별히 작은 설문조사를 진행하고 있습니다.
→ _____

6) 당신의 참여를 기다립니다.
→ _____

1. 집을 떠나 여행을 간다.
→ _____

2. 친척, 친구를 방문한다.
→ _____

3. 쇼핑을 한다.
→ _____

4. 서점이나 도서관에 간다.
→ _____

5. 집에서 잠을 자거나 쉰다.
→ _____

6. 기타
→ _____

7주•1강 调查表

※ 위의 표를 이용한 조사분석표를 작성해 보세요.

'당신은 황금 휴가를 어떻게 계획하시나요?' 조사결과는 다음과 같습니다. 총인원 77명 가운데 30명은 집을 떠나 여행을 하고, 19명은 집에서 잠을 자거나 쉰다고 합니다. 8명은 친척, 친구를 방문하고, 6명은 서점에 가거나 도서관에 간다고 합니다. 5명은 쇼핑을 하고 기타는 8명입니다. 전반적으로 볼 때 집을 떠나 여행을 가는 것은 일반 시민들의 휴가를 보내는 가장 좋은 방법입니다.

단어

- 총 인원수 — 总人数 [zǒng rén shù]
- … 가운데 — … 当中 [dāng zhōng]
- 일반인 — 老百姓 [lǎo bǎi xìng]
- 휴가를 보내다 — 度假 [dù jià]
- 전반적으로 보아하니 — 总的看来 [zǒng de kàn lai]

小调查分析结果

_____
_____
_____
_____
_____
_____

2 심화학습

단어

- 수영하다　　游泳 [yóu yǒng]
- 등산하다　　爬山 [pá shān]
- 우표를 모으다　集邮 [jí yóu]
- 다도　　茶艺 [chá yì]
- 찬성하다　　赞成 [zàn chéng]
- 반대하다　　反对 [fǎn duì]
- 손가락　　指头 [zhǐ tou]
- 기억력　　记性 [jì xìng]

❶ 对…感兴趣/不感兴趣。

1) 그는 수영(하는 것)에 매우 관심이 있다.
→ _____

2) 나는 우표수집에 흥미가 많다.
→ _____

3) 나는 다도에 매우 흥미가 있다.
→ _____

4) 나는 등산에 별 흥미가 없다.
→ _____

❷ 有的…, 有的…。

1) 이 생각에 어떤 이는 찬성하고 어떤 이는 반대한다.
→ _____

2) 열 손가락 가운데 어떤 것은 길고, 어떤 것은 짧다.
→ _____

3) 어떤 이는 기억력이 좋고, 어떤 이는 나쁘다.
→ _____

7주 · 1강

학습하기

❶ 한국어로 옮겨보며 형식 파악하기

▷ 小调查 1 – 韩译

> **여행을 좋아하십니까?**
>
> 여행을 좋아하십니까?
> (1) 매우 좋아한다(10)
> 이유는? A. 몸이 건강해진다   B. 지식이 늘어난다
> (2) 좋아하지 않는다(6)
> 이유는? A. 재미가 없다   B. 너무 피곤하다
> (3) 그저 그렇다

🔵 단어 익히기

1) 여행을 좋아하십니까? 조사 결과는 (다음과 같이) 말해주고 있습니다.
2) 10명은 여행을 매우 좋아하고, 여행에 많은 흥미를 가지고 있습니다.
3) 일부는 여행으로 신체를 단련할 수 있고, 일부는 지식이 늘어난다고 여깁니다.
4) 6명은 여행을 그다지 좋아하지 않으며, 여행에 흥미를 가지고 있지 않습니다.
5) 일부는 여행이 매우 피로하다고, 일부는 여행이 재미가 없다고 생각합니다.
6) 8명은 여행이 그저 그렇다고 생각합니다.

7주·1강

전체 문장

> 小调查分析结果
>
> 你喜欢旅游吗？调查结果表明：10个人很喜欢旅游，他们对旅游很感兴趣，<u>有的</u>认为旅游可以锻炼身体，<u>有的</u>认为旅游可以增强知识；6个人不太喜欢旅游，他们对旅游不感兴趣，<u>有的</u>觉得旅游太累，<u>有的</u>觉得旅游没意思；8个人对旅游无所谓。

❸ 한국어 문장을 중국어로 옮기기

小调查 2 - 中译

🔵 단어 익히기

1) 您如何计划黄金假期?
2) 黄金假期将临。
3) 这个假期您将如何安排?
4) 您有什么计划？
5) 我们可可旅行社特地在进行一个小调查。
6) 期望您的参与。

1. 出门旅游
2. 探访亲友
3. 逛商场、购物
4. 去书店、图书馆
5. 在家睡觉、休息
6. 其他

완성문

您如何计划黄金假期？

黄金假期将临，这个假期您将如何安排，有什么计划？
我们可可旅行社特地在进行一个小调查，期望您的参与。

1. 出门旅游(30)   2. 探访亲友(8)
3. 逛商场、购物(5)   4. 去书店、图书馆(6)
5. 在家睡觉、休息(19) 6. 其他(8)

小调查分析结果

"您如何计划黄金假期？" 调查结果表明：总人数76人当中30个人将要出门旅游；19个人要在家睡觉、休息；8个人要探访亲友；6个人要去书店、图书馆；5个人要逛商场、购物；其他有8个人。总的看来，出门旅游就是一般老百姓度假最好的办法。

 7주 • 1강

심화학습

❶ 对…感兴趣/不感兴趣。

1) 他对游泳很感兴趣。
2) 我对集邮很感兴趣。
3) 他对中国茶艺非常感兴趣。
4) 我对爬山不太感兴趣。

❷ 有的…, 有的…。

1) 这个主意, 有的赞成, 有的反对。
2) 十个指头, 有的长, 有的短。
3) 有的人记性好, 有的人记性不好。

Step

7주 • 2강

핸드폰 설문조사

학습목표 중국어로 쓰인 설문조사(问卷调查)를 통해 상용되는 용어와 문형을 살펴봅니다. 간단한 설문조사를 진행해 봅니다.

학습내용

1. 학습하기
❶ 问卷调查 - 작성 시 주의사항
❷ 问卷调查 - 조사 배경과 시간
❸ 问卷调查 - 조사 내용

2. 심화학습
❶ 连一连
❷ 选一选
❸ 다음 小调查에 참가하세요.

1 학습하기

❶ 问卷调查 – 작성 시 주의사항

🔵 단어 익히기

- 问卷 [wèn juàn] 몡 질문서, 설문조사
- 选择 [xuǎn zé] 동 선택하다
- 圆圈 [yuán quān] 몡 동그라미
- 抽奖 [chōu jiǎng] 동 추첨하다
- 截止 [jié zhǐ] 동 마감하다
- 须知 [xū zhī] 몡 주의 사항
- 并 [bìng] 접 그리고
- 项 [xiàng] 몡 항목
- 资料 [zī liào] 몡 자료

🔵 문장 익히기

手机消费者意见有奖问卷调查

_____

填写问卷须知：

_____

1) 在每个问题下选择您的答案并划圆圈。

   → _____

2) 有的需要选择多项，没有说明的只选一项。

   → _____

3) 参加抽奖须填问题后的个人资料。

→ _____

4) 截止时间：2012年7月20日18时。

→ _____

❷ 问卷调查 – 조사 배경과 시간

🔵 단어 익히기

- 信息 [xìn xī] 몡 정보
- 统计 [tǒng jì] 몡 통계
- 手机 [shǒu jī] 몡 핸드폰 = 大哥大[dà gē dà], 移动电话[yí dòng diàn huà]
- 用户 [yòng hù] 몡 사용자
- 对于 [duì yú] 젭 …에 관하여
- 消费者 [xiāo fèi zhě] 몡 소비자
- 性能 [xìng néng] 몡 성능
- 质量 [zhì liàng] 몡 품질
- 售后服务 [shòu hòu fú wù] 몡 AS, 애프터 서비스
- 不尽人意 [bú jìn rén yì] 셩 완전하게 만족스럽지 않다
- 以及 [yǐ jí] 젭 및, 그리고
- 功能 [gōng néng] 몡 기능
- 投诉 [tóu sù] 동 고발하다

❷ 问卷调查 – 조사 배경과 시간

문장 익히기

1) 据中国信息产业部的统计，目前中国手机用户数量已居世界首位。
   → _____

2) 而对于消费者，手机性能、质量及售后服务等方面也有不尽人意之处。
   → _____

3) 为了解用户使用手机的具体情况，
   → _____

4) 以及对手机质量、功能及售后服务等方面的意见，
   → _____

5) 我们特地开展本调查，欢迎您参加。
   → _____

6) 如有什么具体意见、建议、投诉，请来信至这里。
   → _____

❸ 问卷调查 – 조사 내용

🗨 단어 익히기

- 品牌 [pǐn pái] 몡 상표
- 上网 [shàng wǎng] 동 인터넷에 접속하다
- 更换 [gēng huàn] 동 바꾸다
- 近期 [jìn qī] 몡 가까운 시일
- 购买 [gòu mǎi] 동 구매하다 = 购物 [gòu wù]
- 标准 [biāo zhǔn] 몡 표준
- 样式 [yàng shì] 몡 디자인
- 环保 [huán bǎo] 몡 환경 보호
- 彩信 [cǎi xìn] 몡 다기능 메일   참고) 短信 [duǎn xìn]
- 摄像 [shè xiàng] 몡 카메라
- 视频 [shì pín] 몡 비디오
- 上门 [shàng mén] 동 방문하다
- 维修 [wéi xiū] 동 수리하다
- 备机 [bèi jī] 몡 예비용 기기
- 丢失 [diū shī] 동 분실하다
- 损坏 [sǔn huài] 동 (원래 기능을) 파손시키다
- 应用服务 [yìng yòng fú wù] 몡 애플리케이션 서비스

🗨 문장 익히기

1) 您现在的手机品牌是 :
   a. 诺基亚 b. 摩托罗拉 c. 三星 d. 苹果 e. 联想 f. 索尼爱立信
→ _____

2) 近期是否打算更换手机？
   a. 是 b. 否
→ _____

3) 您选择手机最重要的标准是什么？(只选一项)
   a. 价格 b. 功能 c. 品牌 d. 样式 e. 环保 f. 其它
→ _____

4) 除通话功能外，您主要使用手机哪些功能？（可多选）
　　　a. 彩信　b. 彔音　c. 摄像　d. 视频　e. 上网　f. 游戏　g. 应用服务　h. 其它
→ _____

5) 您对手机的售后服务是否满意？
　　　a. 满意　b. 不满意　c. 无所谓
→ _____

6) 您想得到什么样的售后服务？
　　　a. 以旧换新　b. 正规市场手机回收服务　c. 上门维修　d. 维修期间提供备机　e. 其它
→ _____

7) 带*的项为必填，供抽奖用。
→ _____

出生年份　　：출생 년도
文化程度　　：교육 수준(中学/ 专科大学/ 研究生或以上)
所在地　　　：소재지(北京/天津/台湾/香港/亚洲其他国家)
城乡　　　　：도시, 향촌(直辖市及省会/ 城市/ 中等城市/小城镇)
职业　　　　：직업(党干部/ 企业管理人员/专业技术人员/学生/无业/军人/其他)
证件类型*　　：증명서 유형(身份证/ 学生证/ 军官证/ 护照/ 其他)
证件号码*　　：증명서 번호
通讯地址*　　：통신 주소
邮政编码*　　：우편 번호
手机号码*　　：핸드폰 번호
电子邮件*　　：메일 주소

2 심화학습

❶ 连一连

1) 为了了解情况进行考察(多指到现场)　　　　• 探访
2) 表示清楚　　　　　　　　　　　　　　　　• 表明
3) 兴致, 对事物喜好或关切的情绪　　　　　　• 锻炼
4) 通过训练或体育活动, 增强体质　　　　　　• 兴趣
5) 打听、看望、访问、搜寻、采访　　　　　　• 调查

❷ 选一选

1) 父母对我的____过高了。부모님은 나에 대한 기대가 너무 높다.
2) 她把工作____得井井有条。그녀는 업무를 조리 있게 처리한다.
3) 你是他的直属亲属可以____。너는 그의 직계 친척이니 방문할 수 있다.
4) 最近流行网上____。요즘 인터넷쇼핑이 유행하고 있습니다.
5) 经济____生活水平提高了。경제 성장으로 생활수준이 향상되었다.
6) 有也好, 没有也_____。있어도 그만, 없어도 그만.
7) 我____来请教您。나는 일부러 당신의 가르침을 받으려고 왔다.
8) 你不要过多____。너는 지나치게 관여하지 마라.
9) 高考____, 如何帮助孩子减压？곧 수능인데, 아이의 스트레스 해소를 어떻게 돕나요?
10) 这次见面我____挺有意思的。이번 만남이 나는 매우 재미가 있다고 생각한다.

> 特地　增长　将临　无所谓　觉得　探访　参与　购物　期望　安排

❸ 다음 小调查에 참가하세요.

关于韩国大学生爱好的小调查 (用中文填写)

(1)　男□　　女□　　　　年龄　　　　职业

(2) 您的爱好是什么？

(3) 您喜欢看书吗？

(4) 您喜欢看什么书？

(5) 您一个月看几本书？

(6) 您除了看书以外还喜欢做什么？

<参考一下!>

연애소설　爱情小说 [ài qíng xiǎo shuō]	자기개발서　励志书 [lì zhì shū]
탐정 소설　侦探小说 [zhēn tàn xiǎo shuō]	역사서　历史书 [lì shǐ shū]
공포소설　恐怖小说 [kǒng bù xiǎo shuō]	산보하다　散散步 [sàn sàn bù]
축구하다　踢足球 [tī zú qiú]	영화보다　看电影 [kàn diàn yǐng]
동영상을 보다　看视频 [kàn shì pín]	
컴퓨터오락을 하다　玩儿电脑遊戏 [wǎnr diàn nǎo yóu xì]	
웹서핑하다　上网浏览 [shàng wǎng liú lǎn]	
축구시합을 보다　看足球比赛 [kàn zú qiú bǐ sài]	

7주 · 2강

> 학습하기

❶ 问卷调查 - 작성 시 주의사항

● 문장 익히기

핸드폰 소비자 의견(을 구하기 위한) 경품 설문 조사
질문지 작성 시 주의사항
1) 매 문제 아래의 답을 선택해 동그라미를 하시오.
2) 어떤 문제들은 여러 답을 선택하셔야 하고, 설명이 없다면 한 개의 답만 선택하십시오.
3) 추첨에 참가하려면 반드시 문제 뒤의 개인 자료를 기입하셔야 합니다.
4) 마감시간: 2012년 7월 20일 18시

❷ 问卷调查 - 조사 배경과 시간

● 문장 익히기

1) 중국 정보 산업부 통계에 의하면, 현재 중국의 핸드폰 이용자 수가 이미 세계 1위이다.
2) 그러나 소비자에게 있어 핸드폰 성능이나 품질 및 AS등은 만족스럽지 못하다.
3) 사용자들의 핸드폰 사용에 관한 구체적인 상황을 이해하고자,
4) 또한 핸드폰의 품질과 기능 및 AS 등에 관한 의견을 (이해하고자),
5) 특별히 본 조사를 진행하므로 여러분의 참가를 환영합니다.
6) 만약에 구체적 의견이나 건의, 고발사항이 있으시면 이곳으로 편지를 주십시오.

❸ 问卷调查 - 조사 내용

🌑 문장 익히기

1) 당신이 현재 (사용하고 있는) 핸드폰의 상표는?
   a. NOKIA   b. Motorola   c. 삼성   d. 애플   e. Lenovo   f. Sony Ericsson

2) 근시일 내에 핸드폰을 바꾸실 계획이 있습니까?
   a. 있다   b. 없다

3) 당신이 핸드폰을 선택한 가장 중요한 기준은 무엇입니까? (한 항목만 선택)
   a. 가격   b. 기능   c. 상표   d. 디자인   e. 환경 보호   f. 기타

4) 통화 기능 외에 당신은 핸드폰의 어떤 기능을 주로 사용하십니까? (여러 항목 선택 가능)
   a. 다기능 메일   b. 녹음   c. 카메라   d. 비디오   e. 인터넷   f. 게임   g. APP서비스
   h. 기타

5) 당신은 핸드폰의 애프터 서비스에 만족하십니까?
   a. 만족한다   b. 불만이다.   c. 상관없다

6) 당신은 어떠한 애프터 서비스를 받고 싶습니까?
   a. 새 제품으로 교환   b. 정규 시장에서 핸드폰 회수 서비스
   c. 방문 수리   d. 수리 기간 동안 임시 휴대폰 제공   e. 기타

7) *부분의 항목은 반드시 기입하십시오, 추첨에 사용됩니다.

7주 · 2강

심화학습

❶ 连一连

1) 调查 2) 表明 3) 兴趣 4) 锻炼 5) 探访

❷ 选一选

1) 期望 2) 安排 3) 探访 4) 购物 5) 增长 6) 无所谓 7) 特地 8) 参与 9) 将临
10) 觉得

Step 8주 • 1강

请假条

학습목표 중국어로 작성된 휴가신청서(请假条)를 읽어 보고, 관련 표현들을 배워 내가 필요한 휴가신청서를 중국어로 작성해봅니다.

학습내용

1. 학습하기

❶ 한국어로 옮겨보며 형식 파악하기
   请假条 1 - 韩译
   请假条 2 - 韩译
❷ 请假条 작성법
❸ 중국어 문장 부호 인용부호 " ", ' ' 익히기
❹ 한국어 문장을 중국어로 옮기기
   请假条 3 - 中译

2. 심화학습

1 학습하기

❶ 한국어로 옮겨보며 형식 파악하기

🔵 단어

- 请假 [qǐng jià] 동 휴가를 청하다
- 尼日利亚 [Ní rì lì yà] 명 나이지리아
- 特此 [tè cǐ] 이에 특별히 …
- 病情 [bìng qíng] 명 병세
- 准备 [zhǔn bèi] 조 …할 계획이다
- 请予…[qǐng yǔ] … 해 주십시오.
- 国庆节 [guó qìng jié] 명 국경일
- 大使馆 [dà shǐ guǎn] 명 대사관
- 住院 [zhù yuàn] 동 병원에 입원하다
- 严重 [yán zhòng] 동 심각하다
- 探望 [tàn wàng] 동 방문하다

▷ 请假条 1 – 韩译

请 假 条

王老师:
　　十月一日是我们的国庆节，我们尼日利亞的学生要到北京大使馆参加晚会。特此请假一个星期。
　　此致
敬礼!

　　　　　　　　　　　　　　　　　　　　　　赛理苏
　　　　　　　　　　　　　　　　　　　　　　九月 三十日

▷ 请假条 2 - 韩译

请 假 条

办公室老师：
　　今天接我爸爸的电话，说我母亲已于本月十日住院，病情严重。我准备明日到北京探望，特此请假十天。请予批准。
　　此致
敬礼!

请假人　何为
9月14日

❷ 请假条 작성법

휴가신청서는 특수한 목적으로 작성하는 간단한 서신이다. 어떤 원인에 의해 등교, 출근, 또는 단체 활동에 참가하지 못할 경우, 선생님이나 상관에게 반드시 제출하고 근거로 삼는다. 격식은 일반 서신과 기본적으로 비슷하다.

1) 제목

'请假条'라고 가운데 적는다. 휴가 신청서, 휴가원, 결석사유서라고도 한다.

2) 호칭

제목 아래 한 줄 띄우고 적는다. 호칭은 반드시 격식에 맞게 작성하며 상대방에 대한 존중을 나타낸다.

3) 본문

호칭의 다음 줄에 쓰며 휴가를 청하는 이유 및 시간 등을 간단하면서 분명하게 사실적으로 적는다.

4) 축원의 말

본문의 아래 줄에 축원의 표현을 써 존경을 표현한다. '경의를 표하며'의 뜻으로 우리말 표현에서는 '감사합니다'에 해당한다.

5) 서명과 날짜

서명은 신청인의 이름을 쓰며, 본문의 아래 한 줄 띄우고 가장 오른 쪽에 쓴다. 마지막으로 서명 아래 줄에 휴가를 청하는 날짜를 적는다.

상용 문구

- 便条 [biàn tiáo] 간단한 약식 편지
- 假条 [jià tiáo] 휴가 신청서
- 请病假 [qǐng bìng jià] 병가를 신청하다.
- 告事假 [gào shì jià] 사적인 휴가를 내다.
- 特此留言 [tè cǐ liú yán] 이에 특별히 메모를 남깁니다.
- 特此请假 [tè cǐ qǐng jià] 이에 특별히 휴가를 신청합니다.
- 希批准为盼 [xī pī zhǔn wéi pàn] 허락하기를 간절히 바랍니다.
- 请予批准 [qǐng yǔ pī zhǔn] 허락하기를 청합니다.
- 我因病请假一天 [Wǒ yīn bìng qǐng jià yì tiān] 나는 하루 병가를 신청합니다.
- 请假人 [qǐng jià rén] 휴가 신청인

❸ 중국어 문장 부호 인용부호 " ", ' ' 익히기

한국어 명칭: 인용부호 큰따옴표 " ", 작은 따옴표 ' '
중국어 명칭: 引号 [yǐn hào], 双引号 [shuāng yǐn hào]
　　　　　　 单引号 [dān yǐn hào]

용법설명

(1) 문장에서 직접 인용하는 부분에 사용한다.
　　① 爸爸说 : "那就是春天到来 ……" (직접 인용)
　　* 그러나 다음과 같은 문장에서 인용부호를 사용하지 않을 수 있다.
　　② 爸爸指着那座山告诉我 : 春天到来 ……　(아버지의 말을 전하고 있다)
　　③ 爸爸告诉我说　老家的花开得一年比一年好 …… (아버지가 하는 말임이 분명하다)

(2) 他站起来问:" 老师, '有条不紊'的'紊'是什么意思?"
　　그는 일어나 물었다. "선생님, '有条不紊'의 '紊'은 무슨 뜻입니까?
　　* 有条不紊: 성어) 질서 정연하다

(3) 특별히 강조해 언급할 대상에 사용한다.
　　"有条不紊"的"紊"是"乱"的意思。
　　" 有条不紊"의 "紊"은 "어지럽다"는 뜻이다.

(4) 특별한 의미를 함축하고 있어 강조가 필요할 때 사용한다.
　　这样的"聪明人"还是少一点好。
　　이런 '똑똑이'는 적은 게 차라리 낫다.

❹ 한국어 문장을 중국어로 옮기기

▶ 请假条 3 - 中译

휴가 신청서

장선생님께

　저의 어머니가 어제 저녁 복통을 앓으셔서 제가 어머니를 모시고 병원에 가기 때문에 오늘 학교에 가서 수업을 들을 수 없습니다. 하루 휴가를 청하니 허락해 주십시오.

　이만 줄입니다.
　감사합니다.

학생 刘娜 올림
2012년 3월 5일

단어

□ 배	肚子 [dù zi]	□ 아프다	疼痛 [téng tòng]
□ 모시다	陪 [péi]	□ …하기 때문에	因为 [yīn wèi]
□ 진찰을 하다	看病 [kàn bìng]		

문장 익히기

※ 다음 문장을 중국어로 옮겨보세요.

1) 저의 어머니께서 어제 저녁 복통을 앓으셔서,
→ _____

2) 제가 (오늘) 어머니를 모시고 병원에 가기 때문에,
→ _____

3) (그래서) 오늘 학교에 가서 수업을 들을 수 없습니다.
→ _____

4) (선생님께) 하루 휴가를 청합니다.
→ _____

5) 허락해 주십시오.
→ _____

2 심화학습

※ 다음의 '휴가 신청서'를 작성해보세요.

휴가 신청서

왕 선생님께

    저는 어제 저녁 제 친구가 남경으로 온다는 소식을 들었습니다. 그녀는 중국어를 못해 제가 공항으로 마중을 나가야 하고, 때문에 오늘 견학에 참가하지 못합니다. 이에 휴가를 신청합니다.
    이만 줄입니다.
    감사합니다.

학생 한미례
5月 6日

단어

- 소식을 듣다   得到消息 [dé dào xiāo xi]
- 견학하다   参观 [cān guān]
- 마중하다   接 [jiē]
- 참가하다   参加 [cān jiā]

문장 익히기

1) 저는 어제 저녁 제 친구 하나가 남경으로 온다는 소식을 들었습니다.
→ _____

2) 그녀는 중국어를 못해 제가 공항으로 마중을 나가야 하고,
   → _____

3) 때문에 오늘 견학에 참가하지 못합니다.
   → _____

4) 이에 휴가를 신청합니다.
   → _____

8주 · 1강

학습하기

❶ 한국어로 옮겨보며 형식 파악하기

▷ 请假条 1 – 韩译

> **휴가 신청서**
>
> 왕선생님께
>   10월1일은 우리의 국경일로 나이지리아 학생들은 북경 대사관으로 가 만찬에 참석하려 합니다. 이에 특별히 일주일의 휴가를 신청합니다.
>   이상입니다.
>   감사합니다.
>
>   살리수 올림
>   9월 30일

▷ 请假条 2 – 韩译

> **휴 가 원**
>
> 사무실 선생님께
>   저는 오늘 어머니께서 이미 이번 달 10일에 입원하셨고, 병세가 위독하시다는 아버지의 전화를 받았습니다. 저는 내일 북경으로 가 찾아 뵈려고 합니다. 이에 특별히 열흘간의 휴가를 신청하니 허락해주십시오.
> 이만 줄입니다.
> 감사합니다.
>
>   신청인 何为
>   9월 14일

 8주·1강

❹ 한국어 문장을 중국어로 옮기기

▪ 请假条 3 – 中译

문장 익히기

1) 因为我母亲昨晚肚子疼痛,
2) 我(今天)陪妈妈去医院看病,
3) (所以)今天不能到学校去上课。/ 到校上课。
4) 向您请假一天/ 特此请假一天
5) 请批准。/ 请予批准。/ 希批准为盼。

완성문

请 假 条

张老师：
　　因为我母亲昨晚肚子疼痛，我陪妈妈去医院看病，今天不能到校上课。向您请假一天，请批准。
　　此致
敬礼！

学生 刘娜
2012年3月5日

심화학습

문장 익히기

1) 我昨天晚上得到消息，我的一位朋友要来南京。
2) (因为) 她不会说汉语，我要去机场接她，
3) 所以不能参加今天的参观了。
4) 特此请假。

완성문

请 假 条

王老师：
　　我昨天晚上得到消息，我的一位朋友要來南京。她不会说汉语，我要去机场接她,所以不能参加今天的参观了。特此请假。
　　此致
敬礼!

学生 韩美礼
5月 6日

Step

8주 • 2강

비자신청서

학습목표 중국어 비자신청서(签证申请表)와 관련한 용어와 표현들을 살펴보고 직접 작성해 봅니다.

학습내용

1. 학습하기

❶ 签证申请表
  - 一、关于你本人的信息 (본인정보)
  - 二、你的赴华旅行 (방중여행)
  - 三、你的健康状况及以前的国际旅游 (건강상태 및 국제여행경험)
  - 四、你的联系方式 (연락처)
  - 五、其他声明事项 (기타사항)
  - 六、他人代填申请表 (대리인 신청서)
  - 七、重要事项 (주요사항)

2. 심화학습

❶ 连一连
❷ 选一选

1 학습하기

🔵 단어

- 曾(经)有 [céng (jīng) yǒu] 일찍이 …한 경험이 있다.
- 免冠 [miǎn guān] 명 탈모 (모자를 벗음)
- 浅色 [qiǎn sè] 명 연한 색.
- 粘贴 [zhān tiē] 동 (풀 따위로) 붙이다. 바르다.
- 从业 [cóng yè] 동 일에 종사하다
- 乘务 [chéng wù] 명 승무
- 种类 [zhǒng lèi] 명 종류
- 外交 [wài jiāo] 명 외교
- 公务 [gōng wù] 명 공무
- 官员 [guān yuán] 명 외교관
- 机关 [jī guān] 명 공공 기관, 단체
- 赴 [fù] 동 (…)로 향하다
- 事由 [shì yóu] 명 이유
- 前往 [qián wǎng] 동 향하여 나아가다
- 次数 [cì shù] 명 횟수
- 停留 [tíng liú] 동 (잠시) 머물다
- 抵达 [dǐ dá] 동 도달하다
- 另交费 [lìng jiāo fèi] 따로 돈을 지불하다
- 加急 [jiā jí] 형 긴급의

❶ 签证申请表

一、关于你本人的信息

1.1 外文姓名 姓： 中间名：		照片 请将1张近期正面免冠、浅色背景的彩色护照照片粘贴于此。
	1.2 性别 □ 男 □ 女	
1.3 中文姓名：	1.4 现有国籍：	
1.5 别名或曾用名：	1.6 曾有国籍：	
1.7 出生日期: 年 月 日	1.8 出生地点（国、省/市）：	
1.9 护照种类： □ 外交 □公务、官员 □普通 □其他证件		
1.10 护照号码：	1.11 签发日期：	
1.12 签发地点（省/市及国家）	1.13 失效日期：	
1.14 当前职业（可多选）： □商人 □教师、学生 □政府官员 □乘务人员 □新闻从业人员 □议员 □宗教人士 □其他（请说明）		

二、你的赴华旅行

2.1申请赴中国主要事由 (可多选)： □旅游 □执行乘务 □探亲 □记者常驻 □商务 □记者临时采访 □过境 □外交官、领事官赴华常驻 □留学 □官方访问 □商业演出 □任职就业 □其他（请说明）	
2.2 计划入境次数：	□一次入出境有效 (3个月内有效) □二次入出境有效 (6个月内有效) □半年内多次入出境有效 □一年内多次入出境有效
2.3 首次可能抵达中国的日期：	
2.4 预计你一次在华停留的最长天数：	
2.5请按时间顺序列名你访问中国的地点（省市/县）：	
2.6 办理签证通常需要4个工作日，你是否想另交费要求加急或特急服务？	□加急 (2-3个工作日) □特急 (1个工作日)

단어

- 拒绝 [jù jué] 동 거절(拒绝)하다.
- 颁发 [bān fā] 동 공포(公布)하다.
- 遣送 [qiān sòng] 동 돌려보내다.(거류 조건에 맞지 않는 사람을)송환하다.
- 犯罪 [fàn zuì] 동 죄를 저지르다. 죄를 범하다.
- 麻风病 [Má fēng bìng] 명 나병, 한센병(Hansen 병)
- 邀请 [yāo qǐng] 동 요청하다
- 栏目 [lán mù] 명 항목.
- 代填 [dài tián] 동 대신 기입하다
- 声明 [shēng míng] 동 (일정한 사항에 관한 견해 태도를) 밝히다
- 如实 [rú shí] 형 사실과 같다
- 上述 [shàng shù] 동 상술하다
- 并 [bìng] 부 함께, 같이
- 拟 [nì] 동 …할 예정이다

三、你的健康状况及以前的国际旅游

3.1 你是否曾经被拒绝颁发中国签证？	□否 □是
3.2 你是否曾经被拒绝进入或被遣送出中国？	□否 □是
3.3 你在中国或其他国家是否有犯罪记录？	□否 □是
3.4 你现在是否患有以下任一种疾病？ ① 精神病　② 开放性肺结核　③ 性病 ④ 感染HIV或艾滋病　⑤ 麻风病　⑥ 其他传染性疾病	□否 □是
3.5 是否曾经访问中国？	□否 □是
3.6 对问题3.1-3.4 选择"是"并不表示你就无资格申请签证，请说明详细情况。	□否 □是

四、你的联系方式

4.1你的工作单位或学校名称：	4.2日间电话：
4.3你的工作单位或学校地址：	4.4夜间电话：
4.5你的家庭住址：	4.6你的电子信箱：
4.7在华邀请、联系的单位名称或探亲对象的姓名：	4.8联系电话：
4.9在华邀请、联系的单位名称或探亲对象的地址：	4.10电子信箱：

五、其他声明事项

如有其他需要声明事项，请在下面说明

六、他人代填申请表

如是他人为你填写签证申请表，请其填写以下栏目

| 6.1代填人姓名： | 6.2与申请人关系： |
| 6.3代填人地址及电话： | 6.4代填人签名： |

七、重要事项

我已阅读并理解此表所有问题，并对照片及填写内容的真实性和准确性负责。我理解，签证种类、有效期及停留期将由领事决定，任何不实、误读或填写不完整均可能导致签证申请被拒绝或被拒绝进入中国。

申请人签名：　　　　　　　　　　　　　　日期：

2 심화학습

❶ 连一连

1) 因事或因病请求准许休假。　　　　　　• 国庆节
2) 国家建立或独立的纪念日。　　　　　　• 便条
3) 一个国家派驻在另一国家的以大使为馆长的外交代表机构　　• 请假
4) 叫。对人呼唤其身份.名称等。　　　　　• 称呼
5) 非正式的简单的信函　　　　　　　　　• 大使馆

❷ 选一选

1) ____可以传达信息。쪽지는 소식을 전달할 수 있다.
2) 听到提示音后，开始____。삐 소리가 나면 메시지를 남겨 주세요.
3) 上堂课我____没来。지난번 수업을 휴가를 청하고 빠졌습니다.
4) 十月一日是中国的____。10월 1일은 중국의 국경절이다.
5) 孩子的____有好转。아이의 병세가 호전됐다
6) 我姐姐生病____了。나의 누나는 병이 나서 병원에 입원하였다.
7) 他____住院的病人。그가 입원한 환자를 병문안하다.
8) 韩国司法____是否将调查这一问题？한국의 사법기관은 이 문제를 조사할 것인가?
9) 把非法拘留者____回国。불법체류자를 본국으로 돌려보내다.
10) ____了她的无理要求。그녀의 무리한 요구를 거절했다.

拒绝　遣送　机关　请假　留言　探望　病情　国庆节　便条　住院

학습하기

❶ 비자신청서

一、본인에 관한 정보

1.1 외국어이름 　성：　　　　이름：		照片 최근 탈모한 옅은 배경의 칼라여권사진을 붙이시오.
	1.2 성별 □ 남　□ 여	
1.3 중국어이름：	1.4 현재국적：	
1.5 기타호칭 및 개명전 이름：	1.6 이전국적：	
1.7 생년월일： 년 월 일	1.8 출생지(국、시/도)：	
1.9 여권종류： □ 외교 □공무, 외교관 □보통 □기타 증명서		
1.10 여권번호：	1.11 발급일：	
1.12 여권발급지(도/시 및 국가)	1.13 만료일：	
1.14 현재직업 (다수 선택 가능)： □사업 □교사, 학생 □공무원 □승무원 □기자 □의원 □종교인사 □기타(설명 요청)		

二. 중국방문사항

2.1 중국방문 주요 이유 (다수 선택 가능) : □관광 □승무원 □친척방문 □기자 상주 □상무 □기자 임시취재 □경유 □중국 상주 외교관, 영사관 □유학 □정부방문 □상업공연 □취업 □기타 (설명요청)	
2.2 희망입국차수:	□1차 입국유효(3개월 내) □2차 입국유효(6개월 내) □6개월 내 여러 번 입국 유효 □1년 내 여러 번 입국 유효
2.3 중국입국최초예정일:	
2.4 1차 중국체류 최장 예정기간:	
2.5 시간순서대로 중국방문지점(성·시/현) :	
2.6 비자처리 기간은 보통 4일이 소요됩니다. 별도의 요금이 부과되는 급행 는 특급발행을 원합니까?	□급행 (2-3일 근무일) □특급 (1일 근무일)

三. 건강상황 및 국제 여행경험

3.1 중국비자교부가 거절된 적이 있는지 여부?	□아니오 □네
3.2 중국입국 또는 강제 출국된 적이 있는지 여부?	□아니오 □네
3.3 중국 혹은 기타 국가 범죄기록 유무 여부?	□아니오 □네
3.4 현재 다음과 같은 질병이 있습니까? ① 정신병 ② 개방성 폐결핵 ③ 성병 ④ HIV감염 또는 AIDS ⑤ 나병 ⑥ 기타 전염성질병	□아니오 □네
3.5 이전 중국방문 여부?	□아니오 □네
3.6 문제3.1-3.4에 대해 "네"를 선택해도 비자를 신청할 자격이 없다는 것은 아니니 상세히 설명하십시오.	□아니오 □네

四、연락방식

4.1 직장 또는 학교 명칭 :	4.2 주간 전화 :
4.3 직장 또는 학교 주소 :	4.4 야간 전화 :
4.5 자택 주소 :	4.6 메일 주소 :
4.7 중국 초청, 연락 기관 명칭 또는 친척방문 대상 성명 :	4.8 연락 전화 :
4.9 중국 초청, 연락 기관 주소 또는 친척방문 대상 주소 :	4.10 메일주소 :

五、기타 성명 사항

기타 성명이 필요한 사항이 있으면 아래에 설명하십시오.

六、타인 대필 신청서

타인이 비자신청서를 대필한 경우, 이하 항목을 작성하십시오.

6.1 대필자 성명 :	6.2 신청인과의 관계 :
6.3 대필자 주소 및 전화 :	6.4 대필자 서명 :

七、중요사항

본인은 이미 이 신청서의 모든 항목을 숙지하였고, 사진 및 작성한 내용의 진실성과 정확성에 대해 책임지겠습니다. 본인은 비자의 종류, 유효기간 및 체류기간은 영사가 결정하며 어떠한 허위나 오독 혹은 부실기재로 인해 비자신청이 거절 혹은 중국입국이 거절될 수 있음을 숙지했습니다.

신청인서명 :   날짜 :

> 심화학습

❶ 连一连

1) 请假 2) 国庆节 3) 大使馆 4) 称呼 5) 便条

❷ 选一选

1) 便条 2) 留言 3) 请假 4) 国庆节 5) 病情 6) 住院 7) 探望 8) 机关 9) 遣送
10) 拒绝

Step 9주 • 1강

请柬

학습목표 중국어로 작성된 초청장(请柬)을 읽어 보고, 관련 표현들을 배워 상황에 맞는 초청장을 중국어로 작성해 봅니다.

학습내용

1. 학습하기

❶ 한국어로 옮겨보며 형식 파악하기
   请柬 1 - 韩译
   请柬 2 - 韩译
❷ 덧붙이는 말(附语) - 来会须知, 回执
❸ 중국어 초청장 작성법
❹ 한국어 문장을 중국어로 옮기기
   请柬 3 - 中译

2. 심화학습

1 학습하기

❶ 한국어로 옮겨보며 형식 파악하기

🔵 단어

- 请柬 [qǐng jiǎn] 몡 초청장 = 请帖 [qǐng tiě]
- 乒乓球 [pīng pāng qiú] 몡 탁구
- 邀请赛 [yāo qǐng sài] 몡 초청경기
- 定于… [dìng yú] 동 …로 (시간을)정하다
- 宴会厅 [yàn huì tīng] 몡 연회장
- 招待会 [zhāo dài huì] 몡 환영회
- 丝绸 [sī chóu] 몡 비단
- 交易会 [jiāo yì huì] 몡 견본시장
- 纺织品 [fǎng zhī pǐn] 몡 방직품
- 进出口 [jìn chū kǒu] 몡 수출입
- 总公司 [zǒng gōng sī] 몡 본사
- 携 [xié] 동 휴대하다

▫ 请柬 1 - 韩译

请　柬

王明芳 教授:
　　为欢迎参加北京国际乒乓球友好邀请赛的各国和各地区朋友，谨定于二零一二年十一月十七日(星期六)下午七时，在人民大会堂宴会厅举行招待会。
请出席

中华人民共和国体育运动委员会

▫ 请柬 2 - 韩译

请　柬

二 零 一 三 年
中 国 丝 绸 交 易 会

　　订于二零一三年三月八日至二十一日在上海市衡山宾馆举行
请您来会
　　　此致

中国纺织品进出口总公司

(请携此帖来会)
附：来会须知

❷ 덧붙이는 말(附语)

단어

- 附语 [fù yǔ] 명 첨부사항, 덧붙이는 말
- 须知 [xū zhī] 명 주의사항, 준칙
- 赴 [fù] 동 …로 가다
- 凭 [píng] 동 근거로 하다, …에 따라
- 办(理) 手续 [bàn (lǐ) shǒu xù] 동 수속을 하다
- 电告 [diàn gào] 동 전보 또는 전화 등으로 알리다
- 转 [zhuǎn] 동 (중간에서) 전하다
- 以便 [yǐ biàn] …하기에 (편리하도록)
- 反馈 [fǎn kuì] 동 정보나 반응이 되돌아오다
- 回执 [huí zhí] 명 회답 쪽지 = 回条 [huí tiáo]
- 事宜 [shì yí] 명 일에 관계된 안배와 처리

▶ 附语 – 来会须知 (**첨부 – 참가 시 주의사항**)

來 会 须 知

请贵公司赴会代表凭本请帖向我香港中国旅行社办理签证手续. 同时请将来访人员姓名、职务、到达日期和班次电告我上海絲绸进出口分公司转絲绸交易会，以便安排接送。

联系人：朱建勇电话
手机　：　13793026560
传真　：　010-68535480
E-mail　：　×××@mx.×××.gov.cn

◘ 附语 – 回执 (첨부 – 회신)

回 执

请填写以下回执，并请于4月16日前传真或e-mail至上海×××公司市场部确认出席事宜，我们会凭回执为您预留座位与礼品。

反馈回执

公司名称			
地址及邮编			
姓名		职务	
联系电话		传真	
电子邮件			

(   ) 我希望参加本次产品发布会。

(   ) 我暂时不能参加，希望提供相关详细资料。

(   ) 其它问题与需求：＿＿＿＿＿＿＿＿＿＿＿＿＿＿＿＿＿

❸ 중국어 초청장 작성법

초청장(请柬)은 '请帖'라고도 한다. 어떤 활동을 계획하는 사람이나 단체에서 상대방의 참여를 유도하기 위해 초청장을 보낸다. 환영회나, 파티, 전람회 개폐막식 활동 때 많이 사용한다. 개인이 기쁜 일을 지인에게 알려 함께 기뻐하고자 할 때도 사용한다. 초청장에 필요한 격식은 다음과 같다.

1) 표제(标题)
   请柬, 또는 请柬书, 邀请书 라고 가운데 적는다.

2) 호칭(称呼)
   초청받는 사람의 이름을 직위, 관직이나 학위 따위의 직함을 함께 적는다.

3) 내용(正文)
   다음과 같은 활동 하는 목적, 활동 내용, 시간, 장소, 요구 사항 등을 적는다.

4) 마무리(结尾)
   마무리 부분에는 초청문에서 자주 사용하는 상용어를 넣어 상대방의 참여를 독려한다.
   예) 敬请光临, 恭请光临, 敬请出席 삼가 참석해 주시길 바랍니다.
   　　请莅临指导 삼가 왕림하셔서 지도해 주시길 바랍니다.
   * 莅 [lì] 동 이르다

5) 서명과 날짜 (署名,日期)
   초청인의 이름 또는 단체명을 쓰고, 날짜를 쓴다.

6) 덧붙이는 말(附语)
   준비물이나 주의 사항 등을 따로 첨부한다. 본문에서처럼 '참가 시 주의사항(来会须知)'이나 참가여부 회신(回执)을 첨부하기도 한다.

예) 附入场券一张 입장권 한 장을 첨부합니다.
　　此柬请勿转让 이 초청장을 다른 사람에게 양도하지 마십시오.

상용 문구

- 谨订于 삼가 …로 정하고자 합니다.
- 兹订于 이에 …로 정하고자 합니다.
- 今订于 오늘 …로 정하고자 합니다.
- 置此…之际 …을 맞이하여
- 敬请光临 삼가 왕림하시기를 청합니다.
- 恭请光临 부디 왕림하여 주십시오.
- 恭候光临 오시기를 기다리겠습니다.
- 敬请出席 삼가 참석해 주시길 바랍니다.
- 请届时参加 시간에 맞추어 참석하여 주십시오.
- 能否光临 盼予赐复 왕림할 수 있는지를 알려주시기 바랍니다.
- 每柬一人 请勿转让 각자의 초대장을 타인에게 양도하지 마십시오.
- 随柬寄上 청첩장을 부쳐 드립니다.
- 恕柬不周 청첩장이 전달되지 못함을 양해해 주십시오.
- 敬启 삼가 알려드립니다.

사진) 1/ 청첩장1/홍바오1

초청장

청첩장

홍바오(红包)

❹ 한국어 문장을 중국어로 옮기기

▶ 请柬 3 - 中译

초 대 합 니 다.

马明선생님께
6월5일은 저의 생일로, 때를 맞춰 생일 파티를 열고자 합니다.
참가해 주시면 감사하겠습니다.
시간: 오후 5시 30분
장소: 유학생 식당 2층

신 세 경
2012년 7월 29일

2 심화학습

※ 다음 초청장을 중국어로 옮겨 보세요.

초 청 장

LG 회사 귀하

  2012년 9월8일 오후 6시 金陵호텔에서 연회를 개최합니다. 귀사의 대표를 파견해 자리를 빛내주시기 바랍니다.
이에 글을 보내드립니다.

南京시 정부 대외 업무 사무실
2012年 9月 1日

※ 다음 초청장을 보고 질문에 답하시오.

请 柬

    恭请 王勇进先生:
        兹订于 2012年 9月 15日(星期六)上午 10时 30分在 吴宫喜來登酒店 举行 中秋联谊会
          恭请
屈时 光临

中华全国体育总会 谨

1) 被邀请人的姓名?
2) 举办活动的目的?
3) 举办活动的地点?
4) 举办活动的时间?
5) 邀请人的单位?

> 학습하기

❶ 한국어로 옮겨보며 형식 파악하기

▷ 请柬 1 – 韩译

초청장

王明芳 교수님께

　북경 국제 탁구 친선 초청경기에 참가하는 각국의 많은 친구들을 환영하기 위하여, 2012년 11월 17일(토요일) 오후 7시 인민대회당 연회장에서 삼가 환영회를 개최합니다.
참석하시기 바랍니다.

중화인민공화국 체육 운동 위원회

▣ 请柬 2 - 韩译

> **초청장**
> 2 0 1 3 년
> 중국 실크 교역회
>
> 　2013년 3월 8일에서 21일까지 上海시 衡山 호텔에서 거행하기로 정하였습니다.
> 참가하시기를 바랍니다.
> 이만 줄입니다.
>
> 　　　　　　　　　　　　　　　　　　　　　　　　중국 방직품 수출입 본사
>
> (초청장을 지참하고 오십시오)
> 첨부: 참가 시 주의사항

❷ 덧붙이는 말(附语)

▣ 附语 - 来会须知 (**첨부 - 참가 시 주의사항**)

> **참가 시 주의사항**
>
> 　귀사에서 회의에 참가하는 대표는 본 초청장에 따라 본 홍콩 중국 여행사로 오셔서 비자수속을 하시기 바랍니다. 동시에 참가하시는 분의 성명과 업무, 도착 날짜와 항공편을 본 상해 실크 수출입 지사로 알려주시면 안내에 편하도록 실크 교역회에 전달해 드리겠습니다.

9주·1강

■ 附语 – 回执 (**첨부 – 회신**)

회 신

 다음의 회신을 작성하셔서 4월 16일전에 팩스나 메일로 상해×××회사 마케팅부로 출석에 관련하여 확인해 주시면, 본회에서는 회답에 근거하여 귀하의 좌석과 선물을 마련하겠습니다.

참석여부 회신

회사명칭			
주소 및 우편번호			
이름		직위	
연락전화		FAX	
메일주소			

(　) 본인은 이번 상품 발표회에 참석하고자 합니다.
(　) 본인은 일시 참가할 수 없으므로, 상세한 관련 자료를 제공받고자 합니다.
(　) 기타 문제 및 요구 : _____

❹ 한국어 문장을 중국어로 옮기기

▸ 请柬 3 - 中译

请　柬

马明先生:
　　6月5日是我的生日，届时我将举行一个生日晚会。
恭请光临
　　时间: 下午5时30分
　　地点: 留学生餐厅二楼

申　世　京
2012年 7月 29日

9주 · 1강

심화학습

※ 다음 초청장을 중국어로 옮겨 보세요.

请　柬

LG公司:
　　谨订于2012年 9月8日 下午6时在金陵饭店举行宴会，请派代表光临。
此致

　　　　　　　　　　　　　　　　　　南京市 政府外事办公室
　　　　　　　　　　　　　　　　　　　　2012年 9月 1日

※ 다음 초청장을 보고 질문에 답하시오.
1) 王勇进 先生
2) 举行中秋联谊会
3) 吴宫喜来登酒店
4) 2012年9月15日
5) 中华全国体育总会

Step

9주 • 2강

메뉴판

학습목표 중국 식당의 메뉴판(菜单)을 읽고 요리를 주문해 봅니다.

학습내용

1. 학습하기

❶ 凉菜类
❷ 热菜 - 肉类
         - 鸡·鸭·鱼类
         - 蔬菜
❸ 其他 - 海产类
❹ 汤·小吃·面点类
❺ 중국요리 주문하기

2. 심화학습

❶ 连一连
❷ 选一选

1 학습하기

❶ 凉菜类

🔵 단어

- 拌 [bàn] 동 버무리다
- 咸 [xián] 형 짜다
- 腰果 [yāo guǒ] 명 캐슈너트
- 老虎 [lǎo hǔ] 명 호랑이
- 花生 [huā shēng] 명 땅콩
- 青椒 [qīng jiāo] 명 피망 참고) 胡椒 [hú jiāo], 辣椒 [là jiāo]
- 金针菇 [jīn zhēn gū] 명 팽이버섯 참고) 蘑菇[mó gu], 香菇[xiāng gū]
- 小葱 [xiǎo cōng] 명 실파 참고) 洋葱 [yáng cōng]
- 拼 [pīn] 동 모으다 참고) 拼盘儿[pīn pánr], 拼图 [pīn tú]
- 炸 [zhá] 동 튀기다
- 鲜 [xiān] 형 신선하다
- 皮蛋 [pí dàn] 명 송화단
- 豆腐 [dòu fu] 명 두부
- 苦瓜 [kǔ guā] 명 여주, 쓴 오이

青椒皮蛋	5.00元	姜汁	小葱拌豆腐	4.00元	咸鲜
盐水花生	4.00元	咸鲜	拌苦瓜	6.00元	香油
炸腰果	16.00元	香	拌金针菇	6.00元	咸鲜
老虎菜	5.00元	咸鲜	凉菜大/小拼	40.00/ 20.00元	

老虎菜

凉菜大拼

❷ 热菜 - 肉类

- 鱼香 [yú xiāng] 명 어향 소스
- 扣肉 [kòu ròu] 명 저민 고기를 쪄서 접시에 담은 요리
- 家常 [jiā cháng] 명 가정의 일상생활
- 烧 [shāo] 동 튀겨서 다시 볶는 요리법
- 东坡 [Dōng pō] 명 소동파
- 醋 [cù] 명 식초
- 肘子 [zhǒu zi] 명 돼지 허벅지 고기
- 牛肉 [niú ròu] 명 소고기
- 酱 [jiàng] 명 장
- 糖 [táng] 명 설탕
- 里脊 [lǐ ji] 명 등심

鱼香肘子	28.00元	鱼香	四川扣肉	16.00元	咸鲜
家常牛肉	18.00元	家常	红烧大排骨	28.00元	五香
鱼香肉丝	9.00元	鱼香	京酱肉丝	15.00元	酱香
东坡肘子	28.00元	咸鲜	糖醋里脊	12.00元	糖醋

东坡肘子   四川扣肉

▶ 热菜 – 鸡·鸭·鱼类

단어

- 丁 [dīng] 몡 주사위모양으로 자른 덩이
- 糊 [hù] 몡 풀 같이 점성이 있는 음식
- 脆皮 [cuì pí] 몡 바삭바삭한 껍질
- 辣 [là] 혱 맵다
- 香菇 [xiāng gū] 몡 표고버섯
- 渚 [zhǔ] 동 삶다
- 鱼片 [yú piàn] 몡 생선살을 저민 것
- 鲤鱼 [lǐ yú] 몡 잉어
- 干烧 [gān shāo] 몡 단술을 넣어 약하게 조리다.
- 黄花鱼 [huáng huā yú] 몡 조기
- 干炸 [gān zhá] 동 가루를 묻혀 튀기다
- 鲫鱼 [jì yú] 몡 붕어

宫保鸡丁	12.00元	糊辣	鱼香脆皮八块鸡	18.00元	鱼香
香菇鸡丝	15.00元	咸鲜	水渚鱼片	22.00元	麻辣
糖醋脆皮鱼	45.00元	糖醋	红烧鲤鱼	40.00元	家常
干烧黄花鱼	65.00元	家常	干炸鲫鱼	8.00元/条	香酥

宫保鸡丁

红烧鲤鱼

热菜 – 蔬菜

- 菜心 [cài xīn] 야채의 고갱이, 청경채 = 油菜 [yóu cài]
- 尖椒 [jiān jiāo] 명 고추
- 口袋 [kǒu dài] 명 주머니
- 蚝油 [háo yóu] 명 굴 소스
- 荷兰豆 [hé lán dòu] 명 완두콩 콩깍지
- 西兰花 [xī lán huā] 명 코오슬로
- 玉米 [yù mǐ] 명 옥수수
- 土豆 [tǔ dòu] 명 감자
- 茄子 [qié zi] 명 가지
- 生菜 [shēng cài] 명 양상추
- 西红柿 [xī hóng shì] 명 토마토
- 松仁 [sōng rén] 명 잣

香菇菜心	12.00元	咸鲜	尖椒土豆丝	5.00元	咸鲜
口袋豆腐	15.00元	咸鲜	麻婆豆腐	8.00元	麻辣
炸茄盒	18.00元	椒盐	蚝油生菜	8.00元	咸鲜
清炒荷兰豆	15.00元	咸鲜	西红柿炒鸡蛋	8.00元	咸鲜
西兰花	15.00元	咸鲜	松仁玉米	25.00元	咸甜

清炒荷兰豆　　　　　　　　　　西红柿炒鸡蛋

❸ 其他 - 海产类

- 海产 [hǎi chǎn] 명 해산물
- 虾仁 [xiā rén] 명 새우 살
- 油 [yóu] 명 기름
- 海参 [hǎi shēn] 명 해삼
- 三鲜 [sān xiān] 명 세 가지 신선한 재료
- 砂锅 [shā guō] 명 뚝배기
- 田鸡 [tián jī] 명 개구리
- 软 [ruǎn] 형 부드럽다
- 贝 [bèi] 명 조개
- 大虾 [dà xiā] 명 참 새우
- 锅巴 [guō bā] 명 누룽지
- 丸子 [wán zi] 명 완자

软炸虾仁	20.00元	椒盐	腰果鲜贝	30.00元	鱼香
葱油大虾	35.00元	/只	家常海参	18.00元	家常
三鲜锅巴	18.00元	咸鲜	砂锅豆腐	12.00元	咸鲜
砂锅丸子	15.00元	咸鲜	香辣田鸡	18.00元	香辣

砂锅丸子

腰果鲜贝

❹ 汤·小吃·面点类

- 汤 [tāng] 명 국
- 榨菜 [zhà cài] 명 중국식 짠지
- 芝麻 [zhī má] 명 참깨
- 酥 [sū] 형 바삭바삭하다
- 担担面 [dān dan miàn] 명 매운 양념을 넣어 먹는 四川省 국수
- 小笼 [xiǎo lóng] 명 대나무 찜통
- 饺 [jiǎo] 명 만두 참고) 馒头 [mán tou], 包子 [bāo zi]
- 酸 [suān] 형 시다
- 羹 [gēng] 명 수프
- 团 [tuán] 명 경단
- 甜 [tián] 형 달다
- 蒸 [zhēng] 동 찌다

三鲜汤	8.00元	咸鲜	酸辣汤	8.00元	酸辣
榨菜肉丝汤	8.00元	咸鲜	玉米羹	15.00元	咸鲜
清汤鱼丸汤	25.00元	咸鲜	芝麻团	3.00元/个	酥甜
担担面	2.00元	麻酱	小笼蒸饺	8.00元	咸鲜

小笼蒸饺

担担面

❺ 중국요리 주문하기

중국요리는 양념, 조리법, 자른 형태와 모양, 지명과 인명, 산지 등으로 요리 명이 결정지어지기 때문에 이름을 잘 살피면 어떤 요리인지 짐작할 수 있다. 그러나 같은 요리라도 지역에 따라 이름이 약간씩 바뀔 수 있으며, '小吃'를 제외하고는 비교적 큰 접시를 사용하기 때문에 주문할 때 요리 가짓수에 주의해야 한다.

식사를 하는 순서는 보통 '冷菜(차가운 요리: 전채요리) → 热菜(따뜻한 요리: 荤菜、素菜) → 汤(국) → 主食(주식) → 小吃(디저트)、面类(분식류)'의 순이다. 음료인 차나 술은 식전에 주문한다.

※ 다음 표와 같이 여러분도 친구를 위한 菜单을 작성해 보세요.

友谊餐厅菜单

单位: 国学所 时间 2月 29日 17:30 地点: 玄瑛 人数: 10 桌数:1

冷荤: 小葱拌豆腐　　盐水花生　　拌金针菇　　老虎菜
热菜: 鱼香肘子　　　红烧大排骨　京酱肉丝　　糖醋里脊
　　　鱼香脆皮八块鸡 香菇鸡丝　　糖醋脆皮鱼　香菇菜心
　　　清炒荷兰豆　　松仁玉米　　腰果鲜贝　　三鲜锅巴
点心: 炸春捲
汤: 清汤鱼丸汤
果品: 什锦果盘

谢谢惠顾

2 심화학습

❶ 连一连

1) 以书面形式表示的请人出席或参加的卡或帖 　　　　• 进口
2) 一种常为表示隆重或正式欢迎的社交集会 　　　　• 招待会
3) 办事的规定步骤 　　　　　　　　　　　　　　　• 菜单
4) 在餐馆或食堂中供顾客选择菜肴的单子 　　　　　• 请柬
5) 外国或外地区的货物运进来 　　　　　　　　　　• 手续

❷ 选一选

1) 什么时候开始发＿＿＿呢？ 언제 초청장 발송을 시작할까요?
2) 晚上7点在＿＿＿举办宴会。 저녁 7시에 연회홀에서 연회가 열린다.
3) 经理代表总经理参加记者＿＿＿。 매니저가 사장을 대표하여 기자회견에 참가하다.
4) 公司业务主要是＿＿＿贸易。 회사 업무는 주로 수출입 무역이다.
5) 这里的＿＿比较严格。 이곳의 수속은 비교적 엄격하다.
6) 韩国料理的＿＿简单吧。 한국 요리는 메뉴가 간단하지요.
7) 多吃＿＿对身体好。 두부를 많이 먹으면 몸에 좋다.
8) 只要＿身份证上的号码，便可推算出你一生的命运。
　　신분증의 번호만으로도 당신의 평생 운명을 예측할 수 있습니다.
9) ＿＿＿，必须知道，要求严格，口气较重。
　　'주의사항'은 반드시 알아야 하며, 엄격한 요구사항으로, 강한 어감을 가진다.
10) 遗漏的意思和话写在＿＿＿里，＿＿＿写多少都无关紧要。
　　빠뜨린 뜻과 말은 '추신'에 넣고, '추신'은 얼마를 쓰든 괜찮다.

　　　凭　　附语　　进出口　　请柬　　须知　　宴会厅　　菜单　　手续　　招待会　　豆腐

* 중국의 음식문화 *

1) 王者以民为天，而民人以食为天。
 → _____

2) 药补不如食补。
 → _____

3) 东辣西酸北咸南甜。
 → _____

심화학습

❶ 连一连

1) 请柬   2) 招待会   3) 手续   4) 菜单   5) 进口

❷ 选一选

1) 请柬   2) 宴会厅   3) 招待会   4) 进出口   5) 手续   6) 菜单   7) 豆腐   8) 凭
9) 须知   10) 附语, 附语

* 중국의 음식문화 *

1) 王者以民为天, 而民人以食为天
→ 왕은 백성을 하늘처럼 여기고, 백성은 음식을 하늘처럼 여긴다.

2) 药补不如食补
→ 약으로 보하는 것은 음식으로 보하는 것만 못하다.

3) 东辣西酸北咸南甜
→ 동쪽 음식은 맵고, 서쪽은 시고, 북쪽은 짜고, 남쪽은 달다.

Step 10주 • 1강

祝贺

학습목표 중국어로 작성된 축하편지(祝贺信)를 읽어 보고, 관련 표현들을 배워 중국어로 축하 카드나 편지를 작성해 봅니다.

학습내용

1. 학습하기

❶ 한국어로 옮겨보며 형식 파악하기
  祝贺开业 - 韩译
  祝贺就任 - 韩译
❷ 중국어 축하편지의 상용표현
❸ 한국어 문장을 중국어로 옮기기
  祝贺生日 - 中译

2. 심화학습

1 학습하기

❶ 한국어로 옮겨보며 형식 파악하기

🔵 단어

- 值此 …之际 [zhí cǐ …zhī jì] …한 때를 맞이하여
- 经理 [jīng lǐ] 명 사장
- 预祝 [yù zhù] 동 축원하다
- 成绩 [chéng jī] 명 성과
- 欣闻 [xīn wén] 동 기쁘게 듣다
- 衷心 [zhōng xīn] 명 충심
- 担任 [dān rèn] 동 임무를 맡다
- 贡献 [gòng xiàn] 명 공헌
- 束 [shù] 양 묶음
- 盒 [hé] 양 갑
- 庆贺 [qìng hè] 동 축하하다
- 恰巧 [qià qiǎo] 부 때마침
- 离开 [lí kāi] 동 헤어지다
- 尽力而为 [jìn lì ér wéi] 성 있는 힘을 다해 하다

◘ 祝贺开业 – 韩译

> # 贺　信
>
> 康达公司:
> 　　值此贵公司开业之际，谨向经理及全体职员表示热烈的祝贺。预祝贵公司在未來的发展中取得更大的成绩。
>
> 　　　　　　　　　　　　　　　　　　　　　　　　大发公司总经理
> 　　　　　　　　　　　　　　　　　　　　　　　　2012年 10月 28日

◘ 祝贺就任 – 韩译

> 王先生:
> 　　欣闻你就任贵公司总经理。我公司向你表示衷心的祝贺。在你担任东亞公司对外贸易部经理其间，我们之间的贸易得到了很大的发展。愿你今后继续为东亞公司和中汇公司的贸易发展作出更大的贡献。
> 　　祝
> 万事如意!
>
> 　　　　　　　　　　　　　　　　　　　　　　　　中汇公司
> 　　　　　　　　　　　　　　　　　　　　　　　　2012年 12月22日

* 万事如意와 유사한 표현들 : 祝你事业成功!，祝你发大财!，生意兴隆!

❷ 중국어 축하편지의 상용표현 1

단어

- 正如 [zhèng rú] … 所说 [suǒ shuō] …에서 말한 바와 같이
- 俗话 [sú huà] 몡 속담
- 鹅毛 [é máo] 몡 거위털
- 象征 [xiàng zhēng] 동 상징하다
- 珍存 [zhēn cún] 동 귀하게 보존하다
- 午宴 [wǔ yàn] 몡 오찬 모임
- 丰盛 [fēng shèng] 형 풍부하다
- 宽待 [kuān dài] 동 관대하게 대우하다
- 承 [chéng] 동 (은혜 등)을 입다.
- 度过 [dù guò] 동 지내다
- 烹调 [pēng tiáo] 동 요리하다
- 手艺 [shǒu yì] 몡 솜씨
- 高名 [gāo míng] 형 (기술 등이) 뛰어나다
- 尤其 [yóu qí] 부 특히, 더욱
- 关照 [guān zhào] 동 돌보다

문장 익히기

※ 다음 문장을 해석해 보세요.

1) 恭喜贵公司乔迁之喜！
   → _____

2) 祝生意兴旺，财源茂盛！
　→ _____

3) 恭贺开张大吉！
　→ _____

4) 在生日到来的今天，愿所有的欢乐和喜悦不断涌向您的窗前！
　→ _____

5) 在您的身上，我懂得了人生的意义，看到了真正的生命之光。祝您生日快乐！
　→ _____

6) 以最真挚的心祝福你，希望你所有愿望皆如意。
　→ _____

7) ×月×日是您六十寿辰，谨向您表示衷心的祝愿，祝愿您永远健康长寿．
　→ _____

8) 得知你们将于×月×日举行婚礼，我衷心地祝福你们幸福美满，白头到老．
　→ _____

9) 愿你天天好运气！走好运！
　→ _____

10) 你生命中的愿望都能得到实现。生日快乐！
　→ _____

중국어 축하편지의 상용표현 2

1) 你寄来的≪唐诗三百首≫收到了，我<u>爱不释手</u>。太感谢您了。
   → _____

2) 非常感谢您送给我的贺年片，它充满了您的<u>深情厚意</u>，正如俗话所说："千里送鹅毛，礼轻情意重"。
   → _____

3) 您送来的礼物收到了，谢谢! 这是<u>真诚友谊的象征</u>，我要把它珍存起来。
   → _____

4) 你寄来的笔记本电脑收到了，这正是我需要的。真不知道怎样感谢才好。
   → _____

5) 今天的午宴十分丰盛，感谢您对我们的热情宽待。
   → _____

6) <u>承您邀请</u>，我在你家里度过了一个愉快的周末。您夫人的烹调手艺真是高名，我对她拿手菜尤其满意。
   → _____

7) <u>承蒙</u>您的关照，这些问题都得到了圆满解决。谢谢!
   → _____

❸ 한국어 문장을 중국어로 옮기기

- 祝贺生日 – 中译

※ 다음 문장을 중국어로 옮겨보세요.

1) 친애하는 경희에게
   → _____

2) 듣자니 내일이 너의 생일이라며,
   → _____

3) 특별히 내가 축하 표시로 꽃 한 다발과 생일케이크를 보낸다.
   → _____

4) 네가 중국으로 유학 와서, 또 때마침 생일을 맞으니, 정말 의의가 크다.
   → _____

5) 네가 비록 가족들과는 떨어져 있지만,
   → _____

6) 여기에 많은 중국 친구들이 있단다.
   → _____

7) 나는 네가 여기서 집에서와 마찬가지로 편하고 즐겁게 지낼 거라고 믿어.
   → _____

8) 앞으로 네가 우리의 도움이 필요하면 말해,
   → _____

9) 우리가 꼭 (힘을 다해) 도와줄게.
   → _____

10) 마지막으로, 네가 각 방면에서 더욱 큰 성과를 거두기를 진심으로 바래.
    → _____

11) 생일 축하해
    → _____

2 심화학습

※ 다음을 해석하고 순서대로 (　) 안에 번호를 쓰고 직접 작성해보시오.

① (　) 我们首先对贵公司的友好合作表示衷心的感谢。

② (　) 与你们合作，我们感到十分愉快。请允许我代表公司再一次向你们致以诚挚的谢意。

③ (　) 和乐公司:

④ (　) 我们这次能在这么短的时间内签订合同，顺利地完成任务，主要是由于贵公司的真诚合作。

⑤ (　) 此致 敬礼!

완성문

答 谢 辞

학습하기

❶ 한국어로 옮겨보며 형식 파악하기

▶ 祝贺开业 – 韩译

축 하

康达공사 귀하

　귀사의 개업을 맞아, 사장님 및 전체 직원들에게 삼가 열렬한 축하를 드립니다. 귀사가 앞으로 발전하면서 더욱 큰 성과를 거두시기를 축원합니다.

대발공사 사장
2012년 10월 28일

▶ 祝贺就任 – 韩译

왕선생님께

　선생님께서 귀사의 사장님으로 취임하셨다는 기쁜 소식을 들었습니다. 본사에서 선생님께 진심으로 축하를 보내드립니다. 선생님께서 东亞공사 대외부역부 사장으로 계실 때, 본사와의 무역에 많은 발전이 있었습니다. 이후에도 东亞공사와 中汇공사의 무역을 위해 더욱 큰 공헌을 해주시기를 바랍니다.
축하드립니다.
　뜻하시는 모든 일들이 이루어지시길 바랍니다.

中汇公司
2012年 12月22日

문장 익히기

중국어 축하편지의 상용표현 1

1) 귀사의 이전을 축하드립니다.
2) 사업이 번창하시고 부자 되십시오.
3) 개업을 축하합니다.
4) 생일을 맞은 오늘, 모든 즐거움과 기쁨이 끊임없이 당신의 가슴에 용솟음치기를 바랍니다.
5) 당신에게서 나는 인생의 의미를 알았고, 진정한 생명의 빛을 봤습니다. 생일 축하합니다.
6) 가장 진심으로 축하드리며, 당신의 모든 소망이 이루어지기를 바랍니다.
7) ×월×일 회갑을 맞아 충심으로 축원 드립니다. 영원히 건강하고 장수하시기를 바랍니다.
8) 두 분이 ×월×일에 결혼한다는 소식을 들었습니다. 충심으로 두 분이 행복으로 충만하고, 백년해로하기를 바랍니다.
9) 네가 매일 운이 좋기를 바라.
10) 너의 생명 속에 모든 바람이 실현되기를 바라. 생일 축하해

중국어 축하편지의 상용표현 2

1) 보내주신 ≪唐诗三百首≫를 받고, 너무 좋아 **손에서 놓지를 못했습니다.** 정말 감사합니다.
2) 보내주신 신년 카드 정말 감사합니다. 당신의 **깊고 두터운 정**이 가득해, 그야말로 "천리밖에서 보낸 거위털, 선물은 가벼워도 정은 두텁다"라는 옛말과 같았습니다.
3) 보내주신 선물 잘 받았습니다. 감사합니다. 이것은 **진정한 우정의 상징**으로 제가 (이것을) 잘 보관하겠습니다.
4) 보내주신 노트북을 잘 받았습니다. 정말 제가 필요로 하던 것입니다. 어떻게 감사드려야 할지 모르겠네요.
5) 오늘의 아주 성대한 오찬으로, 우리를 따뜻하게 대접해 주셔서 감사합니다.

6) **초청해주셔서** 제가 댁에서 유쾌한 주말을 보냈습니다. 부인의 요리 솜씨는 정말 뛰어나, 특별한 요리에 더욱 만족을 했습니다.

7) 당신이 보살펴 **주신 덕분에** 그 문제들을 모두 원만하게 해결했습니다. 감사합니다!

❸ 한국어 문장을 중국어로 옮기기

▶ 祝贺生日 – 中译

1) 亲爱的庆熙同学:
2) 听说明天是你的生日,
3) (我)特送上一束鲜花和一盒生日蛋糕以表示庆贺。
4) 你来中国留学, 又恰巧在中国过生日, 这真是太有意义了。
5) 你虽然离开了自己的亲人
6) 但在这里你有许多中国朋友。
7) 我相信你生活在这里就象在自己家里一样舒服、快乐。
8) 今后你有什么地方需要我们帮助, 请不要客气,
9) 我们一定尽力而为。
10) 最后, 衷心祝愿你在各方面取得更大的成绩。
11) 祝你生日快乐

완성문

祝 贺 生 日

亲爱的庆熙同学:

听说明天是你的生日，特送上一束鲜花和一盒生日蛋糕，以表示庆贺。

你来中国留学，又恰巧在中国过生日，这真是太有意义了。你虽然离开了自己的亲人，但在这里你有许多中国朋友。今后你有什么地方需要我们帮助，请不要客气，我们一定尽力而为。

最后，衷心祝愿你在各方面取得更大的成绩。

　　　　祝

生日快乐

　　　　　　　　　　　　　　　　　　　　　　蒋洪生

　　　　　　　　　　　　　　　　　　　　　　10月 28日

심화학습

해석

和乐 공사

우리는 먼저 귀사의 우호적인 합작에 충심으로 감사를 표합니다. 우리가 이번에 이렇게 짧은 시간 내에 계약을 체결하고 순조롭게 임무를 완성한 것은 귀사의 성실한 합작으로 인한 것입니다. 귀사와의 합작에 우리는 매우 기뻤습니다. 제가 회사를 대표해 다시 한번 귀사에 진심으로 감사의 뜻을 전합니다.

그럼 이만, 존경과 예의를 보내며.

정답 : ③ ① ④ ② ⑤

완성문

答 谢 辞

和乐公司:
　　我们首先对贵公司的友好合作表示衷心的感谢。我们这次能在这么短的时间内签订合同，顺利地完成任务，主要是由于贵公司的真诚合作。与你们合作，我们感到十分愉快。请允许我代表公司再一次向你们致以诚挚的谢意。
　　此致
敬礼!

LG公司　李成浩
2012. 12. 15

Step 10주 • 2강

문장부호

학습목표 이제까지 배웠던 중국어 문장부호를 다양한 연습문제를 통해 확실히 익혀 두세요.

학습내용

1. 학습하기

❶ 标点符号 1
❷ 标点符号 2
❸ 标点符号 3

2. 심화학습

❶ 连一连
❷ 选一选

1 학습하기

단어 익히기

- 对于… [duì yú] ㉑ …에 대해서
- 落后 [luò hòu] ⑧ 낙후하다
- 屈辱 [qū rǔ] ⑧ 모욕을 당하다
- 老人家 [lǎo rén jiā] ⑲ 어른
- 表达 [biǎo dá] ⑧ (생각 등을) 표현하다
- 木棒 [mù bàng] ⑲ 나무 몽둥이
- 陌生 [mò shēng] ⑧ 낯설다
- 收藏 [shōu cáng] ⑧ 수집 보존하다
- 多么 [duō me] ⑮ 얼마나
- 抒情 [shū qíng] ⑧ 감정을 토로하다
- 天赋 [tiān fù] ⑲ 타고난 재질
- 摇篮 [yáo lán] ⑲ 요람

❶ 标点符号 1

명칭		부호	용법 설명	용 례
중국어	한국어			
句号	마침표	。	진술문이나 부드러운 어투의 청유문에 우리는 온점(.)을 중국어에서는 고리점(。)을 사용한다.	我是韩国人。
问号	물음표	?	의문문, 반어문에 사용한다.	你叫什么名字? 你怎么能这么说呢?
叹号	느낌표	!	'感叹号'또는'惊叹号' 감탄문과 어투가 강렬한 기원문, 반어문에 사용한다.	你给我出去!
逗号	쉼표	,	한 문장 내 주어와 술어사이, 동사와 목적어사이, 부사어 다음, 그리고 복문 사이에 쓰여 휴지를 나타낸다. 가로쓰기에서는 반점(,), 세로쓰기에서는 모점(、)을 찍는다.	北京,是中国的首都。 对于这个城市,他并不陌生。
顿号	작은 쉼표	、	문장 안에서 병렬 관계를 가진 단어 또는 구 사이의 짧은 음운적 휴지를 나타낸다.	爸爸、妈妈都很好。

Exercise • 1

1) 语言使人别于禽兽(　)文字使人文明别于野蛮(　)教育使人进步别于落后(　)
→ _____

2) 亚马逊河(　)尼罗河(　)密西西比河和长江是世界四大河流。
→ _____

3) 现在东六宫展出宫内收藏的青铜器(　)绘画(　)陶瓷(　)工艺品……等。
→ _____

4) 人总是要死的，就看怎样死法，是屈辱而死呢，还是为民族利益而死(　)
→ _____

5) 我多么想看看他老人家呀(　)
→ _____

❷ 标点符号 2

명칭 중국어	명칭 한국어	부호	용법 설명	용례
分号	쌍반점	;	병렬된 복문 사이와 나열된 각 항목들 사이에 사용한다.	早上，我去读书; 晚上，我温习功课。
冒号	쌍점	:	편지나 연설문의 호칭 뒤, 문장에서 제시성의 말 다음에 쓰여 다음 말을 이끈다.	同志们,朋友们:现在开会了……。
引号	따옴표	" "	가로쓰기에는 큰 따옴표(" "), 세로쓰기에는 겹낫표(『 』)를 쓴다.	这样的"聪明人"还是少一点好。
括号	괄호	( )	묶음표 : 소괄호((원어, 주석, 설명 등)), 중괄호({ }), 대괄호 (낱말 [单语])	猿人只能本能地使用自然工具(石块, 木棒)。
破折号	줄표	——	문장 중간에 앞의 내용에 대해 부연하는 말로 본문의 일부에 속한다. 같은 설명이지만 괄호 안의 설명 부분은 본문이 아닌 주석임에 유의한다. 길이는 두 글자 정도를 차지한다.	萨尔图 —— 一个有明亮的地方 ("萨尔图"是蒙语)

Exercise • 2

1) 语言，人们用来抒情表达(　) 文字，人们用来记言记事。
   → _____

2) 闻一多先生说：" 诗人主要的天赋是(　)爱(　)，爱他的祖国，爱他的人民。"
   → _____

3) 中国猿人(　)全名为"中国猿人北京种"，或简称"北京人"(　)在我国的发现，是对古人类学的一个重大贡献。
   → _____

4) 现代画家徐悲鸿笔下的马, 正如有的评论家所说的那样, ( )神形兼备, 充满生机( )。

→ _____

5) 他说, 法国语言是世界上最美的语言( )最明白, 最精确。

→ _____

❸ 标点符号 3

명칭		부호	용법설명	용례
중국어	한국어			
省略号	안드러냄표	……	긴 문장을 생략할 때 사용한다. 숨김표(××, ㅇㅇ), 빠짐표(□□), 줄임표(……)	她轻轻地哼起了≪摇篮曲≫: "月儿明, 风儿静, ……"
着重号	드러냄표		문장의 강조할 부분의 글자 아래에 표시한다. 특별한 주의를 요하는 글자에 사용한다.	结婚是 生活, 不是 梦想。
连接号	붙임표	—	관련 의미가 깊은 단어를 연결한다. 길이는 한 글자 정도를 차지한다. (사전에서 합성어, 접사, 어미표시, 겨울-나그네) 물결표(9월 15일~ 10월 5일)	"北京—广州"直达快车
间隔号	간격표	·	외국인이나 소수민족 인명의 성과 이름의 경계, 서명과 편명의 경계에 사용한다.	爱新觉罗·努尔哈赤 ≪中国大百科全书·物理学≫
书名号	서명표	≪ ≫	서명 안에 다시 서명을 쓸 때는 다음과 같이 사용한다. ≪〈中国工人〉发刊词≫发表於1940年2月7日。	他的文章在≪民日报≫上发表了。
专名号	고유명칭표	__	인명, 지명, 왕조 명에 사용한다.	司马相如者, 汉蜀郡 成都人也, 字长卿。

Exercise • 3

※ 다음 문장의 빈칸에 적당한 문장부호를 넣고, 틀린 부분은 고치시오.

1) 武松进了酒店，坐在一张桌子前面，放下手中的哨棒，就朝里边喊(　)(　)店主人，拿酒来!(　)
   → _____

2) 为了全国人民(　)当然包括自己在内(　)的幸福，我们每一个人都要兢兢业业，努力工作。
   → _____

3) 本文选自朱自清文集，略有改动。作者朱自清(1898(　)1948)，现代著名散文家(　)诗人(　)学者。
   → _____

4) 谁也不知道那件事发生在哪一天？
   → _____

5) 请勿随地吐痰！！！
   → _____

2 심화학습

❶ 连一连

1) 某一商店、工商企业、饭店等的经营管理者   • 衷心
2) 出于内心的，忠实的   • 经理
3) 有助某事的行为，或作有利于社会国家的事   • 尽力而为
4) 跟人、物或地方分开   • 离开
5) 尽自己的力量去做   • 贡献

❷ 选一选

1) 让我来____一下主演。제가 주연을 맡도록 해 주세요.
2) 他给我送了一__玫瑰。그는 나에게 장미 한 다발을 보냈다.
3) 我去上学时从家里拿了一__火柴。나는 등교할 때 집에서 성냥 한 갑을 들고 갔다.
4) 他已经____家半年了。그는 집을 떠난 지 이미 반년이 지났다.
5) 为什么鸽子是和平的____？ 왜 비둘기는 평화의 상징입니까?
6) 他们摆了一桌____的宴席。그들은 성대한 연회석을 한 상 차렸다.
7) ____之前，一定要把手洗干净。요리하기 전에는 반드시 손을 깨끗이 씻어야 한다.
8) 她做菜的____越来越高。그녀의 음식 만드는 솜씨가 갈수록 좋아지고 있다.
9) 谢谢你的____。보살펴 주셔서 고맙습니다.
10) 中国有句___：清官难断家务事。중국에는 '청렴한 관리라 하더라도 집안일을 잘 처리하기는 어렵다'라는 속담이 있다.

手艺　关照　俗话　离开　担任　烹调　束　盒　象征　丰盛

Answer

10주 · 2강

> 학습하기

❶ 标点符号 1

1) 语言使人别于禽兽(，)文字使人文明别于野蛮(，)教育使人进步别于落后(。)
   언어는 사람을 짐승과 구별하고, 문자는 사람을 야만과 문명으로 구분짓고, 교육은 사람을 진보와 낙후로 구분짓는다.

2) 亚马逊河(、)尼罗河(、)密西西比河和长江是世界四大河流。
   아마존강, 나일강, 미시시피강과 장강은 세계 4대 강이다.

3) 现在东六宫展出宫内收藏的青铜器(、)绘画(、)陶瓷(、)工艺品……等。
   현재 동6궁에서는 궁내에 수장하고 있는 청동기, 회화, 도자기, 공예품…등을 전시하고 있다.

4) 人总是要死的，就看怎样死法，是屈辱而死呢，还是为民族利益而死(？)
   사람은 결국 죽게 마련이니, 어떻게 죽는지를 봐야한다. 굴욕스럽게 죽을 것인가, 아니면 민족의 이익을 위해 죽을 것인가?

5) 我多么想看看他老人家呀(！)
   그 어른이 얼마나 보고 싶은지!

❷ 标点符号 2

1) 语言，人们用来抒情表达(;) 文字，人们用来记言记事。
   언어로는 사람들이 감정을 표현하고, 문자로는 말과 사건을 기록한다.

2) 闻一多先生说：:" 诗人主要的天赋是(')爱('), 爱他的祖国, 爱他的人民。"
   闻一多선생이 말했다. "시인의 중요한 천부적 재능은 '사랑'으로, 조국을 사랑하고, 백성을 사랑하는 것이다."

3) 中国猿人(全名为(")中国猿人北京种("), 或简称"北京人")在我国的发现 是对古人类学的一个重大贡献。
   중국 원인(전체 명칭은 '중국원인 북경종'으로 '북경인'으로 약칭하기도 한다)은 우리나라에서 발견된 것으로 고대 인류학에 중대한 공헌을 했다.

4) 现代画家徐悲鸿笔下的马, 正如有的评论家所说的那样, (")神形兼备, 充满生机(")。
   현대 화가 徐悲鸿이 그린 말은, 그야말로 평론가가 말한 바대로 "神과 形을 갖추고, 생기로 가득 차 있다."

5) 他说, 法国语言是世界上最美的语言--最明白, 最精确。
   프랑스 언어는 세계에서 가장 아름다운 언어로 가장 명백하고, 가장 정확하다.

❸ 标点符号 3

1) 武松进了酒店, 坐在一张桌子前面, 放下手中的哨棒, 就朝里边喊(:)(")店主人, 拿酒来!(")
   무송은 주점으로 들어가 탁자 앞에 앉아서는 손에 든 방망이를 내려놓고, 안쪽을 향해 외쳤다. "주인장, 술 가져와!"

2) 为了全国人民(——)当然包括自己在内(——)的幸福, 我们每一个人都要兢兢业业, 努力工作。
   전 인민-당연히 자신을 포함해-을 위해, 우리는 각자 성실하게 열심히 일해야 한다.

3) 本文选自朱自清文集，略有改动。作者朱自清(1898(-)1948)，现代著名散文家(、) 诗人(、   )学者。
본문은 주자청의 문집에서 약간 수정한 것이다. 작자 주자청(1898-1948)은 현대 유명 산문가이고 시인이며, 학자이다.

4) 谁也不知道那件事发生在哪一天？ → 谁也不知道那件事发生在哪一天。
아무도 그 일이 언제 발생했는지 모른다.

5) 请勿随地吐痰！！！ → 请勿随地吐痰！
함부로 침 뱉지 마시오.

심화학습

❶ 连一连

1) 经理   2) 衷心   3) 贡献   4) 离开   5) 尽力而为

❷ 选一选

1) 担任   2) 束   3) 盒   4) 离开   5) 象征   6) 丰盛   7) 烹调   8) 手艺   9) 关照
10) 俗话

Step 11주 • 1강

启事

학습목표 중국어로 작성된 공지문(启事)를 읽어 보고, 관련 표현들을 배워 필요한 상황에 사용할 수 있도록 합니다.

학습내용

1. 학습하기

❶ 한국어로 옮겨보며 형식 파악하기
  寻物启事 1 - 韩译
  寻物启事 2 - 韩译
  寻物启事 3 - 韩译
❷ 공지문 작성법
❸ 한국어 문장을 중국어로 옮기기
  拾物招领 1 - 中译
  寻人启事 1 - 中译

2. 심화학습

1 학습하기

❶ 한국어로 옮겨보며 형식 파악하기

단어

- 启事 [qǐ shì] 명 공고, 광고
- 不慎 [bú shèn] 동 부주의하다
- 牌 [pái] 명 상표
- 块 [kuài] 양 시계의 양사
- 拾 [shí] 동 줍다
- 重谢 [zhòng xiè] 동 후사하다
- 寻物 [xún wù] 동 물건을 찾음
- 丢失 [diū shī] 동 잃어버리다
- 手表 [shǒu biǎo] 명 손목시계
- 表带 [biǎo dài] 명 시계 줄
- 当面 [dāng miàn] 동 직접 만나다

▣ 寻物启事 1 – 韩译

寻物启事

本人不慎于12月15日下午丢失雷达牌手表一块: 黑色皮表带, 黄色表面。拾到者, 请与7楼724房间李相铁联系。当面重谢。

李相铁
12月 28日

寻物启事 2 - 韩译

단어

- 钱包 [qián bāo] 명 지갑
- 若干 [ruò gān] 명 약간
- 呼 [hū] 동 호출하다
- 务必 [wù bì] 부 반드시
- 招领 [zhāo lǐng] 동 (공고하여) 유실물을 찾아가게 하다
- 皮夹 [pí jiā] 명 가죽 지갑
- 认领 [rèn lǐng] 동 확인하고 인수하다
- 只 [zhǐ] 양 단지
- 饭卡 [fàn kǎ] 명 식사 카드
- 酬谢 [chóu xiè] 동 사례하다
- 归还 [guī huán] 동 돌려주다
- 失主 [shī zhǔ] 명 분실자

유실문 1

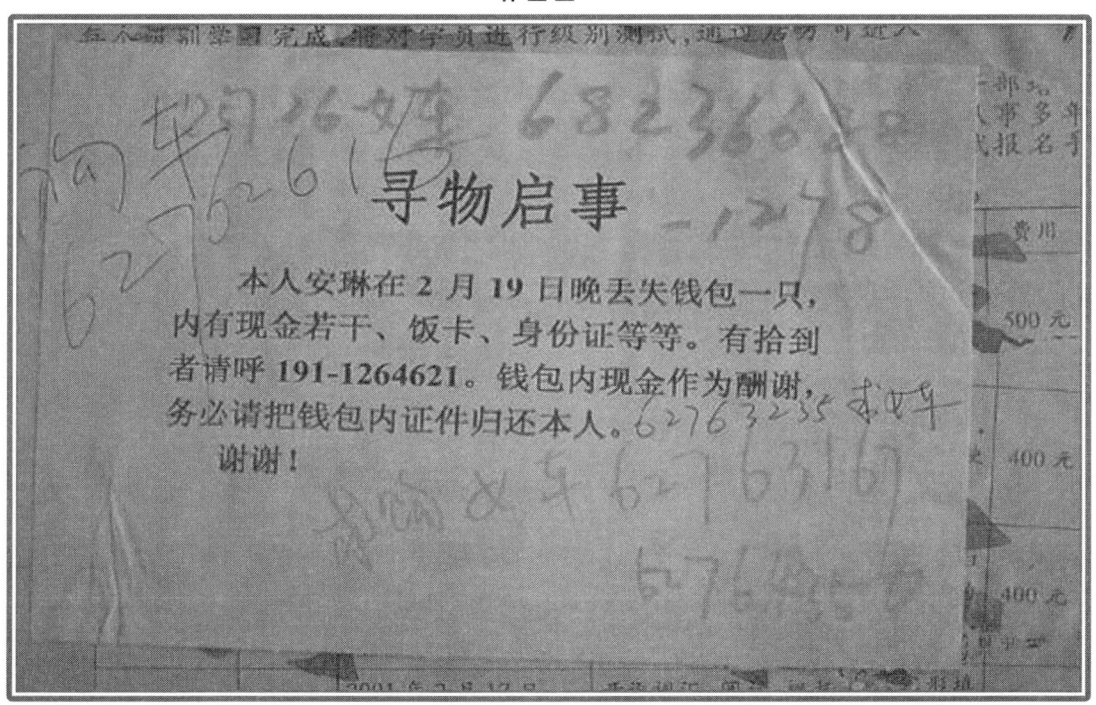

> **寻物启事**
>
> 　　本人安琳在2月19日晚丢失钱包一只,内有现金若干、饭卡、身分证等等。有拾到者请呼191-1264621。钱包内现金作为酬谢,　务必请把钱包内证件归还本人。
> 　　谢谢

寻物启事 3 – 韩译

단어

- 救命 [jiù mìng] 동 생명을 구하다
- 伙食 [huǒ shí] 명 (학교 등의) 공동 식사
- 饥饿 [jī è] 형 배가 고프다
- 如若 [rú ruò] 접 만일
- 恰好 [qià hǎo] 부 때마침
- 无异 [wú yì] 동 다르지 않다
- 尚 [shàng] 동 중시하다
- 厚报 [hòu bào] 명 후한 보답

유실물 2

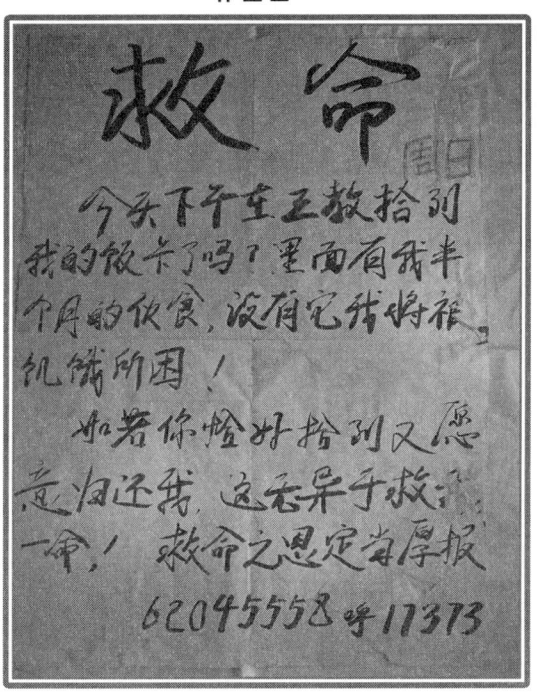

救 命

　　今天下午在三教拾到我的饭卡了吗？里面有我半个月的伙食，没有它我将被饥饿所困！如若你恰好拾到又愿意归还我，这无异于救我一命！救命之恩定尚厚报。

❷ 공지문 작성법

　　启事는 공지문 성격의 응용문으로 기관이나 단체, 학교 또는 개인적으로 공개적으로 알려야 할 일이 있을 때, 관련된 내용을 간단하게 알리는 글을 작성해 게시판이나 공공장소, 눈에 잘 뜨이는 곳에 붙인다. 아주 중요하거나 대상이 광범위할 경우에는 신문 등에 싣기도 한다. 종류로는 분실물공지(寻物启事), 습득물공지(拾物招领), 구인광고(寻人启事) 등이 있다. 알리는 글에 필요한 격식은 다음과 같다.

1) 표제(标题)
   寻物启事, 拾物招领, 寻人启事라고 써서 공고 성격이라는 것을 알린다.

2) 내용(正文)
   공지하는 내용에 따라 상세하거나 간략하게 쓰고 어투도 예의 바르고 부드럽게 작성한다.

3) 서명과 날짜 (署名,日期)
   작성자가 불필요하다고 생각하면 서명을 하지 않아도 된다.

상용 표현 익히기

- 捡到 줍다.
- 前来认领 와서 확인하고 찾아가다.
- 告知本人 본인에게 알리다.
- 特此更正 이에 특별히 정정합니다.
- 此启 이에 알립니다.
- 不胜感谢 대단히 감사합니다.
- 本人将十分感谢 본인은 매우 감사하겠습니다.
- 表示衷心的感谢 진심으로 감사를 드립니다.
- 本人将当面致谢 본인이 뵙고 감사를 드리겠습니다.
- 本人将另有报答 본인이 따로 보답을 하겠습니다.
- 特此声明作废 이에 특별히 폐기할 것을 밝힙니다.
- 请与…联系 …에게 연락 주십시오.

❸ 한국어 문장을 중국어로 옮기기

▸ 拾物招领 1 – 中译

습득물 공고

유학생동 프런트 데스크에서 2장의 여행자 수표, 약간의 달러가 들어있는 지갑을 습득했습니다. 분실자는 사무실로 와서 찾아가시기 바랍니다.

유학생 사무실 吴林

10월 6일

단어

□ 프런트 데스크	服务台 [fú wù tái]	□ 수표	支票 [zhī piào]
□ 잃어버리다	丢 [diū]	□ 키	身高 [shēn gāo]
□ 둥근 얼굴	圆脸 [yuán liǎn]	□ 눈	眼睛 [yǎn jing]
□ 온몸	一身 [yì shēn]	□ 커피	咖啡 [kā fēi]
□ 어린이 신발	童鞋 [tóng xié]	□ 행방, 소재	下落 [xià luò]

문장 익히기

※ 다음 문장을 중국어로 옮겨보세요.

1) 유학생동 프런트 데스크에서 지갑을 하나 습득했습니다.
→ _____

2) 2장의 여행자 수표, 약간의 달러가 들어있습니다.
→ _____

3) 분실자는 사무실로 와서 찾아가시기 바랍니다.
→ _____

▣ 寻人启事 1- 中译

※ 다음 문장을 중국어로 옮겨보세요.

1) 사람을 찾습니다.
→ _____

2) 3월 15일 오후 천안문 광장에서 毛毛라는 사내아이를 잃어버렸음.
→ _____

3) 毛毛는 올해 여섯 살이고 키는 1미터 안팎에 둥근 얼굴, 큰 눈을 가졌음.
→ _____

4) 표준어는 할 줄 모르고, 상하이 말만 씀.
→ _____

5) 상하의 커피 색 옷을 입었고 흰색 어린이 신발을 신었음.
→ _____

6) 아이의 소재를 아시는 분은 长城호텔 521호 焦新에게 연락 주시기 바람.
→ _____

7) 반드시 후사하겠음.
→ _____

2 심화학습

※ 다음 문장을 중국어로 옮겨보세요.

1) 습득물 공지

→ _____

2) 본인은 약간의 인민폐가 들어있는 지갑을 습득했습니다.

→ _____

3) 분실자는 빨리 7동 147호로 와서 찾아가시기 바랍니다.

→ _____

4) 습득자

→ _____

11주 · 1강

> 학습하기

❶ 한국어로 옮겨보며 형식 파악하기

🔵 해석

> **물건을 찾습니다.**
>
> 　본인의 부주의로 12월 15일 오후에 검은색 가죽 줄에 노란 색 레이다 표 손목시계 하나를 잃어버렸습니다. 시계를 주우신 분은 7동 724호 이상철에게 연락을 주십시오. 뵙고 후사하겠습니다.
>
> 이상철
> 12월 28일

▶ 寻物启事 2 - 韩译

🔵 해석

> **물건을 찾습니다.**
>
> 　본인 安琳은 2월 19일 저녁 현금 약간과 식사 카드, 신분증 등이 들어 있는 지갑 하나를 잃어버렸습니다. 습득자는 191-1264621로 호출해 주십시오. 지갑 안의 금액을 사례금으로 할 것이니, 지갑 안의 신분증은 반드시 본인에게 돌려주시기 바랍니다. 감사합니다.

11주 · 1강

寻物启事 3 - 韩译

해석

살려주세요.

오늘 오후에 3 교실에서 제 식사카드를 주우셨나요? 안에는 제 반 개월의 식비가 들어있습니다. 그게 없으면 저는 기아의 어려움에 처하게 됩니다. 만약에 당신이 마침 주웠고, 또 저에게 돌려주고자 한다면 그건 바로 제 생명을 구하는 것입니다. 생명을 구하려는 마음은 반드시 존중을 받고 후한 보답을 받을 것입니다.

❸ 한국어 문장을 중국어로 옮기기

완성문

拾物招领

我们在留学生楼服务台拾到钱包一个，內有旅行支票两张，美元若干。请失者前来我处认领。

留学生 办公室 吳林
10月 6日

11주 · 1강

🌑 문장 익히기

▶ 寻人启事 1- 中译

1) 寻人启事
2) 三月十五日下午, 在天安门广场, 走丢了一个叫毛毛的小男孩儿。
3) 毛毛今年六岁, 身高一米左右, 圆脸, 大眼睛。
4) 不会说普通话, 只会说上海话。
5) 穿一身咖啡色衣服, 白色的童鞋。
6) 有知道小孩下落的, 请与长城饭店521房间的焦新联系。
7) 必有重谢。

🌑 완성문

寻 人 启 事

三月十五日下午, 在天安门广场, 走丢了一个叫毛毛的小男孩儿。毛毛今年六岁, 身高一米左右, 圆脸, 大眼精。不会说普通话, 只会说上海话。穿一身咖啡色衣服, 白色的童鞋。有知道小孩下落的, 请与长城饭店521房间的焦新联系。

必有重谢。

심화학습

● 완성문

拾物招领

　　本人拾到皮夹一个，内有人民币若干元。请失主速到七楼147房间认领。

拾者
三月　八日

공공안내문

11주 • 2강 Step

학습목표 중국에서 사용되는 다양한 공공 안내문에 관하여 배워보도록 하겠습니다.

학습내용

1. **학습하기**
   1. 旅游饭店公共标志 1
   2. 旅游饭店公共标志 2
   3. 旅游饭店公共标志 3
   4. 公共提示

2. **심화학습**
   1. 连一连
   2. 选一选

1 학습하기

❶ 旅游饭店公共标志 1

- 公共 [gōng gòng] 형 공용의
- 出租车 [chū zū chē] 명 택시
- 直升机 [zhí shēng jī] 명 헬리콥터
- 地铁 [dì tiě] 명 지하철
- 紧急 [jǐn jí] 형 긴급하다
- 标志 [biāo zhì] 명 표지
- 无轨 [wú guǐ] 명 무궤
- 轮船 [lún chuán] 명 기선
- 停放 [tíng fàng] 동 주차하다
- 楼梯 [lóu tī] 명 사다리

❷ 旅游饭店公共标志 2

- 更 [gēng] 동 바꾸다
- 饮用水 [yǐn yòng shuǐ] 명 식수
- 踏板 [tà bǎn] 명 발판
- 等候 [děng hòu] 동 기다리다
- 保卫 [bǎo wèi] 동 보위하다
- 问讯 [wèn xùn] 동 묻다
- 货币 [huò bì] 명 화폐
- 兑换 [duì huàn] 동 화폐로 교환하다
- 结帐 [jié zhàng] 동 계산하다
- 手推 [shǒu tuī] 동 손으로 밀다
- 温馨提示 [wēn xīn tí shì] 향기롭고 따뜻한 안내문

❸ 旅游饭店公共标志 3

- 废物 [fèi wù] 명 쓰레기
- 呼救 [hū jiù] 동 도움을 청하다
- 灭火 [miè huǒ] 동 불을 끄다
- 残疾人 [cán jí rén] 명 장애인
- 电动扶梯 [diàn dòng fútī] 명 에스컬레이터
- 酒吧 [jiǔ bā] 명 서양식 술집, bar
- 扔 [rēng] 동 던지다

- 允许 [yǔn xǔ] 동 허락하다
- 警报 [jǐng bào] 명 경보
- 保持 [bǎo chí] 동 유지하다
- 伸出 [shēn chū] 동 뻗다
- 火警 [huǒ jǐng] 명 화재경보

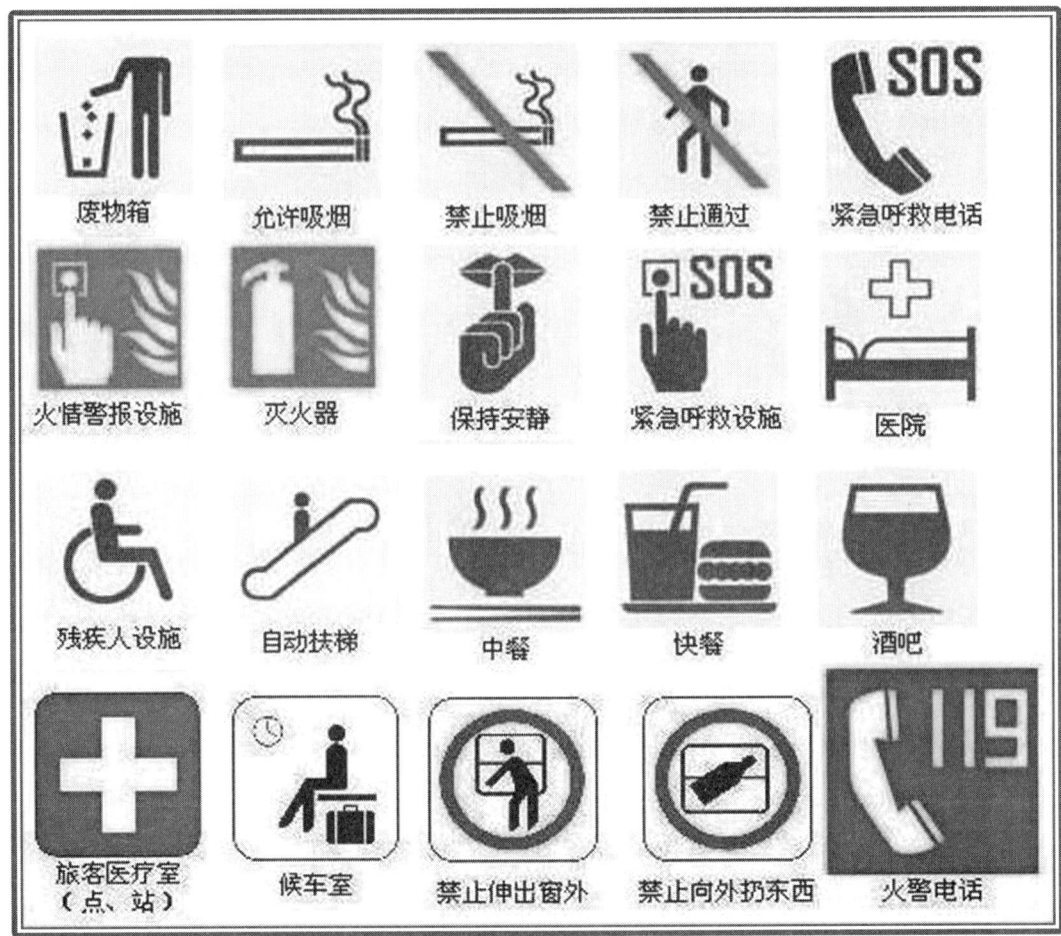

❹ 公共提示

- 请勿拍照 촬영금지
- 游客止步 출입금지
- 闲人免进 출입금지
- 保持安静 정숙
- 禁止小便 소변금지
- 节约能源 에너지절약
- 严禁在此游泳 수영금지
- 严禁吐痰 침이나 가래를 뱉지 마시오
- 十四岁以下禁看电影 14세 이하 관람금지
- 勿乱扔杂物 함부로 물건을 버리지 마시오

爱护公共卫生长命百岁，随地乱丢垃圾断子绝孙！
공공위생을 잘 지키면 100세까지 장수하고, 함부로 쓰레기를 버리면 자손이 끊긴다.

严禁散装丢放垃圾，违者罚款100元。不打包垃圾丢放者注意绝后代！
쓰레기를 봉투에 넣어 버리세요. 위반자는 벌금이 100 위안입니다. 쓰레기를 봉투에 담아 버리지 않으면 대가 끊어짐에 주의할 것!

温馨提示
现场小朋友较多,各位家长请照顾好自己的孩子。

2　심화학습

❶ 连一连

1) 公开声明某事的文字。多登在报刊上或贴在墙壁上。　　•伙食
2) 戴在人手腕上计数时间的器具,通常比钟小。　　•手表
3) 用金钱礼物、酒席等表示谢意。　　•酬谢
4) 发出告示,通知失主认领。　　•启事
5) 饭食,多指集体所办的饭食。　　•招领

❷ 选一选

1) 人有一时____, 马有一时失蹄
   사람도 실수할 때가 있고, 말도 실족할 때가 있다.

2) 那件____的东西至今没有找到。
   잃어버린 그 물건을 지금까지도 찾지 못했다.

3) ____说人话, 背后干鬼事
   앞에서는 이치에 맞는 말을 하고, 뒤에서는 못된 짓을 한다.

4) 关于经济发展的____原则问题。
   경제 발전의 몇 가지 원칙적인 문제에 관하여.

5) 你什么时候____我的东西？너 언제 내 물건을 돌려 줄 거니?

6) 这____符合我的要求。이것은 때마침 나의 요구에 부합한다.

7) 她的银行____被盗了。그녀는 은행 수표를 도둑맞았다.

8) 我____一米七三。내 키는 1미터 73센티미터이다.

9) 这消息吓了我____冷汗。이 소식에 놀라서 전신에 식은땀이 났다

10) 我们不知道他的____。우리는 그의 행방을 모른다.

支票　丢失　当面　下落　若干　身高　不慎　归还　恰好　一身

11주 · 2강

심화학습

❶ 连一连

1) 启事 2) 手表 3) 酬谢 4) 招领 5) 伙食

❷ 选一选

1) 不慎 2) 丢失 3) 当面 4) 若干 5) 归还 6) 恰好 7) 支票 8) 身高 9) 一身
10) 下落

Step

12주 • 1강

询问

학습목표 중국어 문의(询问)에 관한 여러 가지 표현들을 배워보도록 자신이 알고자 하는 것에 대해 중국어로 질문 할 수 있도록 합니다.

학습내용

1. 학습하기

❶ 한국어로 옮겨보며 형식 파악하기
   询问 1- 韩译
   询问 2- 韩译

❷ 중국어 문의서 작성법

❸ 사무용 편지와 개인용 편지의 상용 표현 비교

❹ 한국어 문장을 중국어로 옮기기
   询问 3- 中译

2. 심화학습

1 학습하기

❶ 한국어로 옮겨보며 형식 파악하기

단어

- 询问 [xún wèn] 동 알아보다, 조회하다 = 打听[dǎ ting], 发问[fā wèn]
- 经济 [jīng jì] 명 경제
- 贸易 [mào yì] 명 무역
- 网络 [wǎng luò] 명 인터넷, 사이버
- 开展 [kāi zhǎn] 동 범위를 넓히다
- 自费 [zì fèi] 명 자비
- 住宿 [zhù sù] 동 숙박하다
- 组织 [zǔ zhī] 동 조직하다, 마련하다
- 周围 [zhōu wéi] 명 주위, 사방
- 环境 [huán jìng] 명 환경
- 盼望 [pàn wàng] 동 희망하다
- 答复 [dá fù] 동 회답하다

询问 1- 韩译

询问入学

北京对外经济贸易大学留学生办公室:

　　我是天下网络大学四年级的学生。我的专业是中国贸易。现在我的汉语水平为中级。为提高我的汉语水平，开展专业研究，我打算大学毕业以后去贵校自费留学一年。

　　我想了解以下情况: (1) 贵校一年的学费是多少? (2) 贵校的住宿条件怎么样? 贵不贵? (3) 学习其间贵校组织旅游活动吗? (4) 学校的周围环境怎么样?

　　盼望早日得到你们的答复
　　　　此致
敬礼!

　　　　　　　　　　　　　　　　　　　　　　金相铁
　　　　　　　　　　　　　　　　　　　　2012年 11月 15日

询问 2- 韩译

단어

- 海外 [hǎi wài] 명 해외
- 将 [jiāng] 부 장차
- 出访 [chū fǎng] 동 외국에 방문하러 가다
- 抵达 [dǐ dá] 동 도착하다
- 经理 [jīng lǐ] 명 사장
- 亚洲 [Yà zhōu] 명 아시아
- 会见 [huì jiàn] 동 접견하다

- 出口 [chū kǒu] 명 수출
- 尽快 [jǐn kuài] 부 되도록 빨리
- 感激 [gǎn jī] 동 감격하다
- 合适 [hé shì] 형 적합하다
- 不胜 [bú shèng] 부 대단히

询问日期

王先生:

　　您好!

　　我公司海外部经理阿里先生将于下月初出访亚洲, 计划于3月4日抵达北京。他很希望能于3月6日或7日上午会见贵公司出口部经理, 不知以上日期对他是否合适。由于阿里先生将很快出国访问, 望尽快答复, 不胜感激。

　　顺致

秋安!

宋京
2012年 2月 28日

---

❷ 중국어 문의서 작성법

중국어 문의(询问)하는 글은 어떤 사항을 결정하기 전, 또는 어떤 일은 처리하기 전에 보다 많은 상세한 정보를 얻기 위해 관련 기관이나 개인에게 편지를 보내 자문(咨询 zīxún)을 구하는 것이다. 询问은 다음과 같은 내용을 포함한다.

1) 칭호(称呼): 문의를 받는 기관 또는 개인의 명칭을 쓰고, 이름 뒤에 쌍점을 찍는다.

2) 본문(正文)

: 머리말, 본 내용과 마무리 글 세 부분으로 이루어집니다.

① 머리말(前言 qián yán)

본문은 상대방이 자신의 상황을 이해할 수 있도록 먼저 자기소개를 쓴다.

② 본 내용(主体 zhǔ tǐ)

그런 다음에 자신이 문의하고자 하는 사항의 구체적인 내용을 적는다.

③ 마무리 글(结尾 jié wěi)

회답을 바라는 자신의 바램을 적는다.

盼望早日得到你们的答复/ 期望能及早获得贵处的回音

(빠른 시일 내에 당신들의 회답을 얻을 수 있기를 바랍니다.)

3) 서명과 날짜(署名 shǔ míng, 日期 rì qī)

❸ 사무용 편지와 개인용 편지의 상용 표현 비교

이 두 종류의 서신은 용어에서 비교적 차이가 크다. 사무용 편지의 특징은 **첫째**, 내용면에서 공적인 업무관계나 처리를 위한 편지로 개인 간의 관계를 다루는 편지와는 다르다. 사무용 서신은 사실의 명확성을 밝히는 것에 중점을 두어, 감정표현이 적고, 논리의 전개가 명확하며, 지나친 상투어나 수식어를 사용하지 않는다. (따라서 날씨나, 건강, 생활 등 사무 처리와 관계되지 않은 이야기들은 언급할 필요가 없다.) 또한 용어나 형식에서도 예의를 중시해야 한다.

둘째, 용어 사용면에서 사무 서신에는 서면어가 많고, 사무서신의 특성상 간결하고 응축된 표현을 사용한다. 또한 쌍음절 단어를 비교적 많이 사용한다.

상용표현

个人 书信	事务 书信
你的来信收到了。	惠函得悉。
听说你最近身体不好。	据闻贵体欠安。
今天随信给你寄去一张说明书。	兹随函附上说明书一份。
专门写这封信表示(对你的)感谢。	特此函谢
都已经收到并看过了	均已收阅
你买的东西	贵公司购买的货物。
你的信已经收到了。	贵方87号、88号函件业已收阅。
如果没有不妥当的地方的话	如无不妥

❹ 한국어 문장을 중국어로 옮기기

▶ 询问 3- 中译

단어

- 참사관　　　　参赞 [cān zàn]
- 파리　　　　　巴黎 [Bā lí]
- 연수하다　　　进修 [jìn xiū]
- 장학금　　　　奖学金 [jiǎng xué jīn]
- 수속하다　　　手续 [shǒu xù]
- 열심히 공부하다　攻读 [gōng dú]
- 경어, (당신이) 계시는 곳 贵处 [guì chù]
- 프랑스　　　　法国 [Fǎ guó]
- 획득하다　　　获得 [huò dé]
- 전공　　　　　专业 [zhuān yè]
- 정부　　　　　政府 [zhèng fǔ]
- 기대하다　　　期望 [qī wàng]

문장 익히기

※ 다음 문장을 중국어로 옮겨보세요.

1) 존경하는 참사관님께
→ _____

2) 안녕하십니까? 저는 프랑스학생으로 현재 프랑스 파리대학 중문과에서 공부하고 있습니다.
→ _____

3) 올해 여름, 저는 파리 대학에서 중문 학사학위를 받게 됩니다.
→ _____

4) 졸업 후 저는 중국으로 가 중국어 연수를 할 생각이며, 국제무역을 전공으로 공부하고자 합니다.
→ _____

5) 저는 귀 기관에 알아보고자 합니다.
→ _____

6) 제가 중국으로 가 공부할 수 있는 장학금을 얻을 수 있는지요?
→ _____

7) 중국정부 장학금을 신청하려면, 어떤 조건이 필요하며, 어떤 수속을 해야 합니까?
→ _____

8) 빠른 시일 내에 귀 기관의 답을 얻을 수 있기를 희망합니다.
→ _____

9) 이만 줄입니다. 존경을 보내며!
→ _____

2 심화학습

※ 다음 문장을 중국어로 옮겨보세요.

1) 저는 귀 기관에 알아보고자 합니다. 귀국의 비자를 취득하려면 어떤 수속을 해야 합니까?
   → _____
   Hint 想向贵处了解…

2) 저는 귀교 중국학과의 교육과정을 알고 싶습니다.
   → _____
   Hint 想询问一下,…

3) 저는 다음의 사항을 알고 싶습니다.
   → _____
   Hint 想… 以下情况

4) 귀교의 일년 학비는 얼마입니까?
   → _____

5) 귀교에서 중국어를 배우면서, 중국 역사를 배울 수 있습니까?
   → _____
   Hint 能否在…一边…, 一边…

학습하기

▶ 询问 1- 韩译

● 해석

입학 문의

북경 대외경제무역대학 유학생 사무실 귀하

  저는 천하사이버대학 4학년 학생입니다. 저의 전공은 중국무역입니다. 현재 저의 중국어 실력은 중급입니다. 제 중국어 수준을 향상시키고, 전공 연구를 심화시키고자, 저는 대학 졸업 후 귀교에 가서 자비로 일년 유학하고자 합니다.
  저는 다음과 같은 사항들을 알고자 합니다. (1) 귀교의 일년 학비는 얼마입니까? (2) 귀교의 숙소 조건은 어떻습니까? 비쌉니까? (3) 수업기간 동안, 귀교에서 여행 활동을 계획합니까? (4) 귀교의 주변 환경은 어떻습니까?
빠른 시일 내에 회답을 받기를 희망합니다.

이만 줄입니다.
안녕히 계십시오.

김상철
2012년 11월 15일

● ● ● 12주 • 1강

- 询问 2- 韩译

🔵 해석

> 왕선생님께:
>   안녕하십니까?
>   본사 해외영업부 사장님이신 아리 선생이 다음 달 초 아시아를 방문해 3월 4일 북경에 도착할 예정입니다. 아리 선생은 3월 6일 또는 7일 오전에 귀사의 수출부 사장님을 뵙고자 하시는데, 위의 날짜가 적합한지요. 아리 선생이 빨리 출국을 해야 하기에 가능한 한 빨리 회답을 주시면 매우 감사하겠습니다.
>   이만 줄입니다.
>   편안한 가을되시기 바랍니다.
>
>   宋京
>   2012년 2월 28일

❹ 한국어 문장을 중국어로 옮기기

- 询问 3- 中译

🔵 문장 익히기

1) 尊敬的参赞先生:
2) 您好? 我是法国学生, 现在在法国的巴黎大学中文系学习。
3) 今年夏天, 我将在巴黎大学获得中文学士学位。

4) 毕业以后，我想到中国去进一步进修中文，并打算攻读国际贸易专业。
5) 我想向贵处了解，
6) 我是否有可能获得一份到中国学习的奖学金?
7) 申请中国政府奖学金，需要什么条件，要办什么手续?
8) 期望能早日从贵处得到答复。
9) 此致 敬礼!

완성문

询问奖学金

尊敬的参赞先生：
　　您好?
　　我是法国学生，现在在法国的巴黎大学中文系学习。今年夏天，我将在巴黎大学获得中文学士学位。毕业以后，我想到中国去进一步进修中文，并打算攻读国际贸易专业。我想向贵处了解，我是否有可能获得一份到中国学习的奖学金?
　　申请中国政府奖学金，需要什么条件，要办什么手续? 期望能早日获得贵处的答复。
　　此致
敬礼!
　　　　　　　　　　　　　　　　　　高贝尔 敬上

심화학습

1) 我想向贵处了解，要取得归国的签证需要办理哪些手续?
2) 我想询问一下，归校中国学系的教学课程如何?
3) 我想了解以下情况:
4) 归校一年的学费是多少?
5) 能否在归校一边学习汉语，一边学习中国历史?

Step

12주 • 2강

도로표지판

학습목표 중국에서 사용되는 다양한 도로 표지판(道路交通标志)의 중국어 표현들을 살펴보고 중국을 여행할 시에 활용해 봅니다.

학습내용

1. 학습하기

❶ 道路交通标志 1
❷ 道路交通标志 2
❸ 道路交通标志 3
❹ 公共提示

2. 심화학습

❶ 连一连
❷ 选一选

1 학습하기

❶ 道路交通标志 1

단어

- 通行 [tōng xíng] 동 통행하다
- 临时 [lín shí] 명 임시
- 行人 [xíng rén] 명 행인
- 鸣 [míng] 동 소리를 내다
- 转弯 [zhuǎn wān] 동 모퉁이를 돌다
- 左右 [zuǒ yòu] 명 좌우
- 让 [ràng] 동 양보하다
- 车辆 [chē liàng] 명 차량
- 驶车 [shǐ chē] 동 차를 몰다
- 机动车 [jī dòng chē] 명 자동차
- 喇叭 [lǎ ba] 명 나팔
- 客运 [kè yùn] 명 여객 운수 업무
- 三轮车 [sān lún chē] 명 삼륜차

❷ 道路交通标志 2

단어

- 掉头 [diào tóu] 동 방향을 바꾸다
- 检查 [jiǎn chá] 동 검사하다
- 慢行 [màn xíng] 동 천천히 가다
- 事故 [shì gù] 명 사고
- 交叉 [jiāo chā] 동 교차하다
- 注意 [zhù yì] 동 주의하다
- 直行 [zhí xíng] 동 직행하다
- 滑 [huá] 형 미끄럽다
- 陡坡 [dǒu pō] 명 험한 비탈길
- 十字 [shí zì] 동 십자
- 环型 [huán xíng] 동 주위를 (빙빙) 돌다

❸ 道路交通标志 3

단어

- 铁路 [tiě lù] 명 철로
- 道口 [dào kǒu] 명 건널목
- 落石 [luò shí] 명 낙석
- 危险 [wēi xiǎn] 형 위험하다
- 路段 [lù duàn] 명 철도나 도로의 구간
- 绕行 [rào xíng] 동 길을 돌아가다
- 看守 [kàn shǒu] 지키다
- 道具 [dào jù] 명 도구
- 隧道 [suì dào] 명 굴, 터널
- 施工 [shī gōng] 동 시공하다
- 左侧 [zuǒ cè] 명 좌측
- 信号灯 [xìn hào dēng] 명 신호등

❹ 公共提示

- 请勿用手摸　만지지 마시오
- 请排队上车　줄을 서서 승차하시오
- 请随手关门　문을 닫으십시오
- 对号入座　좌석번호를 지키십시오
- 爱护公共财物　공공재산을 아낍시다
- 请擦去鞋上的泥土　신발의 흙을 터십시오
- 马路施工, 请绕行　공사 중, 돌아가시오
- 当心不要丢失东西　소지품을 조심하십시오
- 用毕放回架上　사용 후 제자리에
- 请勿张贴 违者罚款　전단지를 붙이면 벌금

2 심화학습

❶ 连一连

1) 给予学习成绩优良的学生的奖金
2) 为了提高政治或业务水平而进一步学习, 多指暂时离开职位, 参加一定的学习组织
3) 按照一定的目的、任务和形式加以编制
4) 指周围所在的条件
5) 专攻, 主修一门学科以便获得该学科的学位和文凭

- 攻读
- 环境
- 组织
- 进修
- 奖学金

❷ 选一选

1) 有不少人来____情况。많은 사람들이 와서 상황을 묻다.
2) ____最大的特点在于信息共享。네트워크의 가장 큰 특징은 정보의 공유에 있다.
3) 你的____手续已经办好了。입원수속은 다 끝냈습니다.
4) 他逐渐适应了这里的____。그는 이곳의 환경에 점점 적응하였다.
5) 韩国总统____欧洲四国。한국의 대통령이 유럽 4개국을 방문하다.
6) 外交部长也参加了这次____。외교부장도 이번 회견에 참가하였다.
7) 我们需要____解决这些问题。우리는 가능한 한 빨리 이 문제들을 해결할 필요가 있다.
8) 他最近要去北京____。그는 요즘 북경으로 연수를 가려고 한다.
9) 这家公司____是做对外贸易。이 회사의 전문 분야는 대외무역이다.
10) 人参是韩国____专销的商品。인삼은 한국 정부가 독점 판매하는 상품이다.

专业　询问　网络　政府　会见　出访　住宿　环境　尽快　进修

심화학습

❶ 连一连

1) 奖学金 2) 进修 3) 组织 4) 环境 5) 攻读

❷ 选一选

1) 询问 2) 网络 3) 住宿 4) 环境 5) 出访 6) 会见 7) 尽快 8) 进修 9) 专业 10) 政府

Step 13주 · 1강

征婚广告

학습목표 중국의 구혼 광고(征婚广告)에 관한 중국어 표현들을 살펴보며 중국 사회를 이해해 봅니다. 자신에게 맞는 구혼 광고를 한번 작성해 봅니다.

학습내용

1. 학습하기

❶ 한국어로 옮겨보며 형식 파악하기
   男士征婚者
   女士征婚者
❷ 중국어 구혼광고와 관련한 상용 표현

2. 심화학습

1 학습하기

❶ 한국어로 옮겨보며 형식 파악하기

🔵 단어

▶ 男士征婚者

- 男士 [nán shì] 명 성년남자
- 征婚 [zhēng hūn] 동 공개적으로 구혼하다
- 身高 [shēn gāo] 명 키
- 米 [mǐ] 양 미터
- 工程师 [gōng chéng shī] 명 설계사
- 大专 [dà zhuān] 명 전문대학 = 专科大学
- 外貌描述 [wài mào miáo shù] 동 외모를 서술하다
- 英俊 [yīng jùn] 형 영민하고 준수하다
- 开朗 [kāi lǎng] 형 명랑하다
- 稳重 [wěn zhòng] 형 언어나 태도가 신중하다.
- 随和 [suí hé] 형 사귐성이 좋다
- 般配 [bān pèi] 형 잘 어울리다

个人简介:1976年生，身高1.74米，职业：计算机工程师，学历：大专，外貌描述：英俊 人品好，我性格开朗，稳重随和，以诚待人，责任心强，经济状况：收入较好，健康状况：健康，婚否：未婚，现居住地:北京，籍贯：吉林

☆ 征婚要求：年龄：25至32，职业：无，身高：160以上，外貌要求：相貌能般配，性格开朗、善良，婚否：未婚，其他：打算今年成婚

☆ 征婚者通信地址：北京海淀区 联系人：杨 邮编：100081

Email：m****@yahoo.com.cn

☆ 登载日期：2012年07月28日

女士征婚者

- 期刊编辑 [qī kān biān jí] 몡 잡지 편집자
- 五官端正 [wǔ guān duān zhèng] 용모가 단정하다
- 身材 [shēn cái] 몡 몸매
- 直爽 [zhí shuǎng] 톙 솔직하다
- 随 [suí] 동 따라가다
- 游戏 [yóu xì] 동 장난치다
- 宽厚 [kuān hòu] 톙 넓고 두텁다
- 大度 [dà dù] 톙 도량이 넓다
- 离异 [lí yì] 동 이혼하다
- 拒 [jù] 동 거절하다
- 幽默 [yōu mò] 몡 유머
- 体贴 [tǐ tiē] 톙 다정하다
- 觅 [mì] 찾다, 구하다
- 文静 [wén jìng] 톙 (성격이나 행동 등이) 우아(优雅)하고 조용하다
- 别墅 [bié shù] 몡 별장

个人简介:1979年生，身高1.65米，职业：期刊编辑，学历：硕士，外貌描述：五官端正身材丰满，开朗善良大度直爽，经济状况：8000/月，健康状况：健康，婚否：离异孩子随父，现居住地:成都，籍贯：四川，其他：认真征婚拒游戏

☆ 征婚要求:年龄：33-37，职业：公务员教授，学历：本科，身高：1.68以上，外貌要求：端正就好，幽默善良，宽厚体贴，有进取精神，经济要求：8000/月以上，现居住地：成都市内，健康状况：健康，婚否：离异，籍贯：不限，其他：认真对待我的征婚

❷ 중국어 구혼광고와 관련한 상용 표현

女 28岁 未婚 1.65米 企业单位 会计，品貌佳；觅 30岁左右，有特长 事业心强之男士。
女 32岁 短婚 1.60米，事业单位 出纳，端庄大方；觅：综合素质高 条件优之男士。
女 39岁 离异 1.65米，个体业主 娴慧开朗；觅：45 岁以下，1.70米左右 责任心强男士。

男 27岁 未婚 1.75米，本科在读 部队军官，英俊潇洒；觅：人品好，通情达理的未婚女。
男 30岁 未婚 1.75米，电力系统 员工，有房，觅：28岁以下，温柔秀丽之女孩。
男 40岁 离异 1.65米，事业单位 工人，稳重有责任心；觅：善良能持家过日子的女士。
男 65岁 丧偶 1.70米，退休干部 爱好书法，有修养 觅：身体健康，无负担的女士。

2 심화학습

1. 다음의 사진들을 살펴보며 중국의 현재 결혼 상대를 구하는 방식에 대해 이야기 해 봅니다.

2. 다음의 결혼 상대를 구하는 두 개의 광고가 가짜일 수도 있을까요?

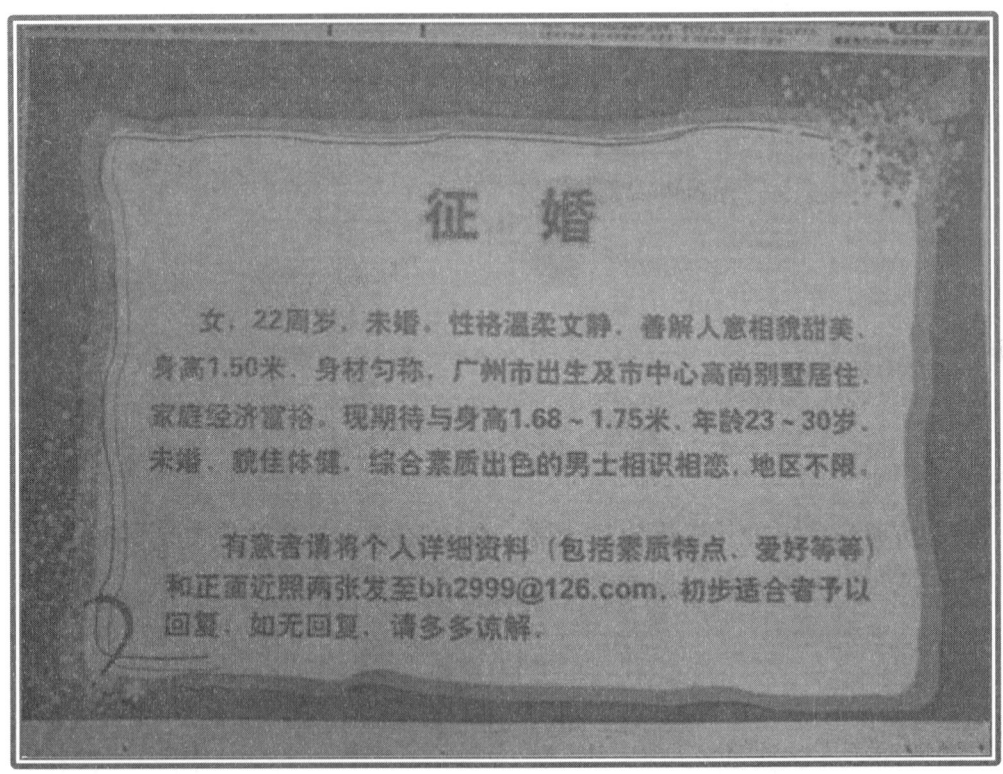

3. 자신의 결혼 상대를 구하는 구혼 광고를 작성해 보세요.

个人简介	年龄		照片
	身高		
	职业		
	学历		
	经济状况		
	外貌描述		
征婚要求	年龄		身高	
	健康状况		职业	
	经济状况		学历	
	现居住地		婚否	
	外貌要求			
其他			

13주·1강

학습하기

❶ 한국어로 옮겨보며 형식 파악하기

▶ 男士征婚者

> 개인 소개 : 1976년생, 키 1m74, 직업 : 컴퓨터 설계사 학력 : 전문대학
> 외모 : 잘생기고, 인품이 좋으며, 성격은 명랑하고, 신중하며 사귐성이 좋고, 성실하며, 책임감이 강하다.
> ☆ 구혼 조건: 나이 : 25-32 직업 : 무, 키 160이상, 외모: 서로 잘 어울리고, 명랑하며 착한 사람. 혼인 여부 : 미혼 기타 : 올해 결혼하고자 함.
> ☆ 구혼자 연락처 : 北京海淀区 연락인 : 杨 우편번호 : 100081
> Email : m****@yahoo.com.cn
> ☆ 등재 날짜 : 2012年07月28日

▶ 女士征婚者

> 개인 소개:
> 1979년생, 키 1미터 65, 직업: 잡지 편집 학력: 석사, 외모: 이목구비가 단정하고 풍만, 착하고 명랑하며 너그럽고 솔직하다. 경제 상황: 8000元/월 건강 상황: 건강함 혼인 여부: 이혼하고 아이는 아빠가 데려감, 현 거주지: 成都, 본적: 四川, 기타: 장난이 아닌 진지하게 결혼 상대를 구함.
> ☆구혼조건:
> 나이 : 33-37, 직업 : 공무원교수, 학력 : 본과, 키 : 1.68이상, 외모 조건: 단정하면 되고, 유머있고 착하며 너그러우며, 자상하고 진취적인 사람, 경제조건: 8000元/월 현 거주지: 成都 시내, 건강상황: 건강, 혼인여부: 이혼, 본적: 제한 없음, 기타: 본인의 구혼에 진지하게 응하는 사람일 것

❷ 중국어 구혼광고와 관련한 상용 표현

여 28세 미혼 기업 회계, 용모가 빼어남; 30세 전후의 특기가 있고, 사업의욕이 강한 남성을 찾음

여 32세 짧은 결혼, 출납담당, 단정하고 시원한 성격; 종합적으로 소양 높고, 우수한 조건의 남성 찾음

여 39세 이혼, 개인 사업, 현숙하고 명랑함; 45세 이하의 키 170정도, 책임감이 강한 남성 찾음

남 27세 미혼, 본과 재학, 부대 군관, 잘생기고 대범함; 인품이 좋고, 사리에 밝은 미혼녀 찾음

남 30세 미혼, 전력 계통 종사자, 집 소유; 28세 이하, 부드럽고 수려한 여성을 찾음

남 40세 이혼, 노동자, 신중하며 책임감 있음; 착하고 살림을 잘 꾸릴 수 있는 여성을 찾음

남 65세 사별, 퇴직 간부, 서법을 애호, 교양 있음; 신체 건강하고 부담없는 여성을 찾음

Step

13주 • **2강**

求职广告

학습목표 중국의 구직 광고(求职广告)에 관한 여러 가지 중국어 표현들을 살펴봅니다.

학습내용

1. 학습하기

❶ 求职广告 1 - 个人基本资料
 - 求职意向描述
 - 教育背景
 - 工作简历

❷ 求职广告 2 - 个人能力及自我评价

❸ 상용표현

2. 심화학습

❶ 连一连
❷ 选一选

1 학습하기

❶ 求职广告 1

단어

- 求职 [qiú zhí] 동 직장을 구하다
- 描述 [miáo shù] 동 기술하다
- 岗位 [gǎng wèi] 명 직책, 본분
- 经理 [jīng lǐ] 명 매니저, 사장
- 旅游局 [lǚ yóu jú] 명 중국 국가 여유(관광)국
- 导游 [dǎo yóu] 명 여행 가이드
- 意向 [yì xiàng] 명 의향
- 应聘 [yìng pìn] 동 초빙에 응하다
- 销售 [xiāo shòu] 동 판매하다
- 期望月薪 [qī wàng yuè xīn] 명 희망하는 월급
- 培训班 [péi xùn bān] 명 양성반

※ 다음은 何新宇先生의 구직 이력서입니다. 이력서를 살펴보며 다음 질문에 답해보세요.
1) 何新宇先生은 배우자가 있나요?
2) 何新宇先生의 전공과 외국어 능력은 어떠한가요?
3) 何新宇先生의 최종 학력은 무엇인가요?
4) 何新宇先生은 현재 어느 직종에 종사하고 있나요?
5) 何新宇先生은 2005년에서 2008년 사이에 어느 회사에서 근무했었나요?
6) 何新宇先生이 희망하는 월급과 원하는 직위는 무엇인가요?

▣ 个人基本资料

姓　　名	何新宇	出生日期	1983-03-24
性　　别	男	婚姻状况	未婚

▫ 求职意向描述

应聘岗位	销售经理/副经理/主任丨 市场经理/副经理丨 旅游/导游丨		
岗位描述	销售经理		
工作经验	7 年	期望月薪	六千元

▫ 教育背景

毕业学校	西南政法大学	最高学历	大专
专业	法律	电脑水平	良好
外语语种	英语	外语水平	一般
教育历程	1999年9月-2002年8月 重庆市嘉陵中学（高中） 2002年9月-2004年8月 西南政法大学(证书编号：6650010703300××××) 2004年9月-11月 北碚区旅游局导游培训班，获得重庆市导游资格证		

▫ 工作简历

	2005年1月-2006年3月，重庆市九龙旅游公司，导游
	2006年4月-2008年2月，重庆市九龙旅游公司，销售部门经理（2007年-2008年度，在公司总经理带领下九龙旅游公司获得重庆市"十佳""十强"旅行社称号，在这段时间里，锻炼了自己良好的销售技巧，培养了较好的业务管理能力）
	2008年3月-2009年3月，重庆市北碚区教育旅游公司，经理
	2009年4月-2011年4月，重庆市园丁旅游公司，销售部门经理
	2011年5月-2011年7月，重庆市蓝桥旅游公司，市场部经理
	2011年8月-2011年10月，重庆中国旅行社碚峡路门市部计划调度及业务主管

❷ 求职广告 2

🌀 단어

- 表达 [biǎo dá] 동 표현하다
- 熟练 [shú liàn] 형 능숙하다
- 流程 [liú chéng] 명 과정
- 驾驶照 [jià shǐ zhào] 명 운전 면허증
- 豁达 [huò dá] 형 (성격이) 활달하다
- 协作 [xié zuò] 동 협력하다
- 胆大心细 [dǎn dà xīn xì] 성 대담하면서 세심하다
- 兢兢业业 [jīng jīng yè yè] 성 부지런하고 성실하다
- 行业 [háng yè] 명 직업
- 熟悉 [shú xī] 동 숙지하다
- 记账 [jì zhàng] 동 장부에 기록하다
- 开朗 [kāi lǎng] 형 명랑하다
- 团队 [tuán duì] 명 단체

▪ 个人能力及自我评价

具备良好的语言表达能力及文字处理能力，旅游服务行业的销售及管理经验比较丰富，英语具备一定的基础水平，能熟练的使用电脑，考有驾驶C照。
　　热爱生活，开朗豁达，有较强的组织协调能力，具备一定的社会关系基础。对工作认真负责，胆大心细，具有团队协作精神。

本人可熟练使用各种办公软件，熟悉外贸流程，可独立完成记账工作。本人为人诚恳、勤奋，性格乐观开朗，与人相处融洽；工作兢兢业业，为人上进，并善于学习，不断地提高自己的业务素质及技能。

❸ **상용표현**

1) 通电脑和财务。
   → _____

2) 经营管理及实务专家。
   → _____

3) 熟悉高科技项目策划；擅长营锁管理、市场拓展，精通商务。
   → _____

4) 善于交际，气质优雅，口才、文采俱佳，机敏胆识过人。
   → _____

5) 深谙企业经营管理；掌握技术与信息，不断求索完善自己。
   → _____

6) 不断更新充实自我，善于学习，理性智慧。
   → _____

2 심화학습

❶ 连一连

1) 公开征求配偶。
2) 才智过人的，容貌俊秀又有风度的。
3) 指耳、眼、鼻、口、身，通常指脸部器官。
4) 诙谐风趣而又意味深长。
5) 结亲的双方相称，人的身分跟衣着、住所等相称。

- 幽默
- 五官
- 般配
- 征婚
- 英俊

❷ 选一选

1) 请帮我在杂志上登一则____启事。
   저를 도와 잡지에다 구혼 광고를 하나 올려 주세요.
2) 一般地说，____端正的人就心地善良。
   일반적으로 말하면 외모가 단정한 사람은 마음씨도 착하다.
3) 她的性格比以往____多了。
   그녀의 성격은 이전보다 많이 명랑해졌다.
4) 我____一米七三。
   내 키는 1미터 73센티미터이다.
5) 这位老者____从容。
   이 노인은 도량이 넓고 포용력이 있다.
6) 经过一次____，难道你忘记了伤痛?
   이혼 한다고, 네가 아픔을 잊을 수 있겠니?
7) 我喜欢性格很____的男人。
   나는 성격이 매우 유머러스한 남자를 좋아한다.

8) 这位老师对人很____。

　　이 선생님은 남을 아주 자상하게 대한다.

9) 她正在____里养病。

　　그녀는 지금 별장에서 병을 치료하고 있다.

10) ____选择女友首要条件是什么？

　　남자가 여자 친구를 선택할 때, 가장 중요한 조건은 무엇인가?

离异　男士　外貌　幽默　身高　大度　征婚　体贴　别墅　开朗

▣ 求职意向描述

应聘岗位	销售经理/副经理/主任	市场经理/副经理	旅游/导游	
岗位描述				
工作经验		年	期望月薪	

▣ 个人基本资料

姓　名		出生日期	
性　别		婚姻状况	未婚

▣ 教育背景

毕业学校		最高学历	
专业		电脑水平	
外语语种		外语水平	
教育历程			

❸ 求职简历

※ 다음의 개인 이력서를 작성해보세요.

▪ 工作简历

13주・2강

학습하기

❷ 求职广告 2

▶ **개인 능력 및 자기 평가**

> 양호한 언어 표현능력 및 문자 처리 능력을 갖추었고, 여행 서비스 업의 판매와 관리 경험이 풍부한 편입니다. 영어는 기초 수준을 갖추고, 컴퓨터를 능숙하게 다루며, C종 운전면허를 소지하고 있습니다. 생활을 사랑하고 명랑 활달하며, 조직에 잘 협조하는 편이며, 사회적 관계에서 어느 정도 기반을 가지고 있습니다. 일에 대해 책임감이 있고, 열심이며, 대담하면서도 세심하며, 단체 협동 정신을 갖추고 있습니다.

> 본인은 각종 사무용 소프트웨어를 능숙하게 사용하며, 대외무역 공정에 대해서도 익숙해 장부 정리 업무가 가능합니다. 본인은 성실하고 부지런하며, 성격은 낙관적이며 명랑하고 다른 사람과도 잘 어울립니다. 일에 있어서도 부지런하고 성실하고, 진취적이고 학습에 뛰어나며, 제 업무 소질과 기능을 향상시키고자 부단히 노력합니다.

❸ 상용표현

1) 컴퓨터와 재무에 뛰어나다.
2) 경영관리 및 실무 분야의 전문가이다.
3) 과학기술 프로젝트 계획에 익숙하며, 판매관리와 시장 개척에 뛰어나고, 비즈니스에 정통하다.
4) 사교에 뛰어나고, 성품이 고상하며, 말과 글 솜씨를 모두 갖추었고, 민첩함과 담력과 식견이 뛰어나다.

5) 기업 경영관리에 숙달하고, 기술과 정보를 잘 파악하고 있으며, 끊임없이 자신을 완벽하게 하고자 노력한다.
6) 부단히 자아를 새롭고 충실하게 하고자 노력하며, 학습에 뛰어나고, 이성적이며 지혜롭다.

심화학습

❶ 连一连

1) 征婚 2) 英俊 3) 五官 4) 幽默 5) 般配

❷ 选一选

1) 征婚 2) 外貌 3) 开朗 4) 身高 5) 大度 6) 离异 7) 幽默 8) 体贴 9) 别墅
10) 男士

저자 약력

경희대학교 중어중문학과 졸업
中國 北京師範大學 中語中文學 博士
現) 아주대학교, 경희대학교, 경희사이버대학교 출강

실용중국어와 작문

초판 인쇄 2012년 6월 1일
초판 발행 2012년 6월 8일
초판 2쇄 2016년 3월 1일

저   자 | 오경희
펴 낸 이 | 김미화
펴 낸 곳 | 인터북스

주   소 | 서울시 은평구 대조동 221-4 우편번호 122-844
전   화 | (02)353-9908 편집부(02)356-9903
팩   스 | (02)6959-8234
전자우편 | interbooks@chol.com
등록번호 | 제311-2008-000040호
ISBN   978-89-94138-30-5 13720

값 : 18,000원

※ 파본은 교환해 드립니다.